भारतीय साहित्य में वरिष्ठ कथाकार व सिद्धहस्त नाटककार असग़र वजाहत का नाम अपनी एक सशक्त पहचान रखता है। राजनीतिक और सामाजिक विद्रूपताओं को लक्षित करते हुए उन्होंने अपने लेखन में अखण्ड विचारधारा को ख़ौफ़नाक खण्डित शून्य में दर्शाया है। उन्होंने भारतीय साहित्य में अपने धारदार प्रश्नों द्वारा समय, समाज और व्यवस्था को विचार के स्तर पर चुनौती दी है। उनका एक अलग पाठक वर्ग है जो कलात्मक मूल्यों के साथ यथार्थ के मुद्दों के लिए चिन्तित ही नहीं बल्कि उनके साथ पूरी तन्मयता से बातचीत करने को तत्पर है।

नाटक का प्रारम्भ एक संवेदनशील बिन्दु से होता है जब गाँधी देशद्रोह के आरोप में स्वयं को गोडसे के साथ जेल में पाते हैं। गोडसे जिसने गाँधी की हत्या करने का प्रयास किया।

नाटक के मनोवैज्ञानिक आवरण में यह दर्शाने का प्रयास किया गया है कि महात्मा गाँधी गोडसे को समझना चाहते थे ताकि यह जान पायें कि गोडसे की उनसे नफ़रत करने की वजह आख़िर क्या है और गोडसे की मनोदशा में निहित सूक्ष्म आन्तरिक द्वन्द्व कितने गहरे हैं।

इसके लिए गाँधी संवाद का रास्ता अख़्तियार करते हैं। इस नाटक में गाँधी के गोडसे के साथ संवाद लम्बे और गम्भीर होते हुए भी बोझिल प्रतीत नहीं होते। भाषा की सरलता उनके संवादों को पाठकों से गहनता से जोड़ती है। नाटक में कहीं शाब्दिक या वैचारिक हिंसा नहीं है। विचार की जिस महीन सत्यता पर यह नाटक लिखा गया है उसी का आभास और अनुभूति हर पल पाठकों को भी होती है।

असग़र वजाहत इस नाटक द्वारा स्त्री–पुरुष के प्रेम सम्बन्धों पर गाँधीवादी नीति का आकलन भी करते हैं। वास्तव में देखा जाये तो नाटक का यह पक्ष उसका केन्द्रीय बिन्दु है जिसके इर्द–गिर्द अन्य तात्कालिक स्थितियों की आपबीती के घने जंगल में यह नाटक बिना किसी शोर के सही और ग़लत की पहचान से दूर दिखाई देता है।

वाणी प्रकाशन ग्रुप असग़र वजाहत द्वारा लिखित काल्पनिक दृश्यों की परछाईं से निकलते यथार्थवादी नाटक को पाठकों के समक्ष रखते हुए प्रसन्नता अनुभव कर रहा है।

गोडसे@गाँधी.कॉम
(संशोधित संस्करण)

असग़र वजाहत

वाणी प्रकाशन

वाणी प्रकाशन

4695, 21-ए, दरियागंज, नयी दिल्ली 110 002

फ़ोन : +91 11 23273167 फ़ैक्स : +91 11 23275710

शाखाएँ

अशोक राजपथ, पटना 800 004, बिहार

कॉफ़ी हाउस कैम्पस, महात्मा गांधी मार्ग, इलाहाबाद 211 001, उत्तर प्रदेश

महात्मा गांधी अन्तरराष्ट्रीय हिन्दी विश्वविद्यालय, वर्धा 442 001, महाराष्ट्र

www.vaniprakashan.com
marketing@vaniprakashan.in
sales@vaniprakashan.in

Godse@Gandhi.com
by Asghar Wajahat

ISBN : 978-93-5518-329-3
Play

पेपरबैक प्रथम संस्करण 2022

मूल्य : ₹ 195

आर. टेक ऑफ़सेट प्रिंटर्स, दिल्ली-110 032 में मुद्रित

वाणी प्रकाशन का लोगो मक़बूल फ़िदा हुसेन की कूची से

अनुक्रम

भूमिका

अपनी अकाल मृत्यु की आधी शताब्दी से अधिक समय बीच जाने के बाद भी महात्मा *(मोहनदास करमचन्द्र गाँधी)* भारतीय समाज में एक ऐसी चट्टान की तरह खड़े हैं, जिससे टकराये बिना आगे नहीं बढ़ा जा सकता। गाँधी की प्रासंगिकता समाप्त नहीं हुई है, बल्कि कहना चाहिए कि आधी शताब्दी बाद वे अधिक प्रासंगिक दिखायी पड़ने लगे हैं। गाँधी के पक्ष और विपक्ष में जितना लिखा गया है, उतना शायद ही किसी आधुनिक भारतीय के बारे में लिखा गया हो। गाँधी की अलग–अलग ढंग से व्याख्या करना या उनका पुनः पाठ इसलिए सम्भव है कि गाँधी अपनी महानता के बावजूद कुछ बहुत 'छोटे और टुच्चे' विश्वासों, विचारों से अपने को मुक्त न करा सके थे। उनके विचारों तथा व्यक्तित्व में अपार अन्तर्विरोध भरे पड़े हैं।

प्रस्तुत नाटक लिखने का विचार मेरे मन में कोई तीन साल पहले आया था। लेकिन विषय इतना बड़ा फैला हुआ और जटिल लगा कि उसे नाटक में समेटना सरल न था। मैं गाँधी का अन्धभक्त नहीं हूँ, इसलिए चाहता था कि नाटक में वे विषय और मुद्दे उठाये जायें जिनको आधार बनाकर गाँधी की आलोचना भी की जाती है। इन मुद्दों में एक प्रमुख मुद्दा गाँधी के स्त्री–पुरुष सम्बन्ध तथा ब्रह्मचर्य के वे सिद्धान्त हैं जिन पर उनका विश्वास था। गाँधी धर्म और जाति के दायरे में रहते हुए उसे तोड़ने की कोशिष करते रहे। यह एक दिलचस्प अन्तर्विरोध था जो उनके प्रति दया जगाता है।

नाटक और लेख में बहुत अन्तर है। नाटक यदि विचारों का टीला बन जायेगा तो उसे कोई नहीं देखेगा। नाटक में दर्शकों को अपनी प्रतिछाया दिखायी पड़ना ज़रूरी है। मतलब यह कि सिद्धान्त या विचार मानव जीवन के बदलते हुए रंगों के पीछे से इस तरह झाँकें जैसे बादलों के पीछे से सूरज झाँकता है और अपार सुन्दरता बिखेरता है। कला और विचारधारा के नाजुक रिश्ते पर रोशनी डालते हुए एक बार प्रसिद्ध बांग्ला फ़िल्म निर्देशक ऋत्विक घटक ने कहा था कि कला और विचारधारा का वही रिश्ता है जो नमक और दाल का है। दाल में अगर नमक तेज हो जाये तो दाल नहीं खाई जा सकती। दूसरी ओर अगर दाल में नमक न हो तब भी दाल नहीं खाई जा सकती।

गाँधी के प्रसंगों को आधार देने के लिए मानवीय सम्बन्धों, रिश्तों और भावनाओं की छटा तैयार करने के लिए बावनदास, सुषमा, नवीन और निर्मला की कल्पना की गयी है। बावनदास को वस्तुतः हिन्दी के सर्वश्रेष्ठ लेखक फणीश्वरनाथ 'रेणु' के उपन्यास 'मैला आँचल' से लिया गया है। बावनदास रेणु के उन अमर पात्रों में से हैं जिनको सदा याद किया जाता रहेगा। नाटक की, या अपनी सीमाओं के कारण मैं उनका वैसा इस्तेमाल नहीं कर सका जैसा किया जाना चाहिए था। सुषमा और नवीन एक–दूसरे से प्रेम करते हैं जो गाँधी के शब्दकोश में एक 'बम' से कम नहीं है। निर्मला हरियाणा के ग्रामीण क्षेत्रों की एक महिला है जो गाँधी के व्यवहार और आचरण पर सहज प्रतिक्रियाएँ देकर नाटक को एक नया आयाम देती है। यह ऐतिहासिक तथ्य है कि महात्मा गाँधी अखिल भारतीय कांग्रेस पार्टी को आज़ादी मिल जाने के बाद भंग कर दिये जाने के पक्ष में थे। उनका यह विचार कई दिशाओं में बढ़ने के संकेत देता है। नाटक में गाँधी के ग्रामोद्धार को केन्द्र में रखकर विकास सम्बन्धी धारणाओं पर ध्यान दिया गया है। विकास की गाँधीवादी परिभाषा के अन्तर्गत किये गये काम सत्ता और व्यवस्था द्वारा देशद्रोह की कोटि में डाल दिये जाते हैं।

गाँधी के बड़े विरोधी वीर सावरकर थे जो भारत को हिन्दू राष्ट्र बनाने के समर्थक थे। नाथूराम गोडसे वीर सावरकर के विचारों से अत्यधिक प्रभावित थे। उन्हें लगता था, गाँधी भारत को हिन्दू राष्ट्र बनाने के रास्ते में बड़ी बाधा हैं। उन्हें यह भी लगता था कि गाँधी मुसलमानों और पाकिस्तान के समर्थक हैं। गाँधी के विचारों और उनकी राजनीति से टकराना हिन्दूवादी शक्तियों के बस की बात न थी, इसलिए उनके लिए गाँधी की हत्या ही एकमात्र रास्ता बचता था। गाँधी स्वयं पक्के हिन्दू थे। गोडसे भी पक्के हिन्दू थे। एक पक्के हिन्दू ने दूसरे पक्के हिन्दू की हत्या क्यों कद दी? यह विषय नाटक के एक केन्द्रीय सरोकार के रूप में उभरकर सामने आता है।

धर्म के कई चेहरे होते हैं। अन्य धर्मों की तरह हिन्दू धर्म के भी उदारवादी और कट्टरवादी चेहरे हैं। इन दोनों पक्षों में आज तक संघर्ष चल रहा है। यह वैचारिक और राजनीतिक संघर्ष है। नाटक में गाँधी कट्टर हिन्दूवाद की सैद्धान्तिकी धारणाओं पर सवालिया निशान लगाते हैं। वे नाथूराम गोडसे की प्रशंसा या निन्दा के पक्ष में नहीं हैं, बल्कि संवाद के रास्ते पर बल देते हैं। गाँधीजी जीवन में कभी नाथूराम गोडसे से नहीं मिले थे। माल लीजिए अगर ऐसा होता तो क्या होता? निश्चित रूप से गाँधी की प्रखर बौद्धिकता, ज्ञान, अनुभव, तर्क और विश्लेषण करने की शक्ति के सामने गोडसे का टिके रह पाना कठिन होता।

नाटक का एक पक्ष गाँधी के ब्रह्मचर्य सम्बन्धी विचर। अपने इन विचारों के लिए गाँधी की कड़ी आलोचना की जाती है। नाटक में सुषमा और नवीन इस दिशा में कथानक को आगे बढ़ाते हैं। गाँधी को जब पता चलता है कि सुषमा नवीन से प्रेम करती है तो वे उसे 'प्रयोग आश्रम' से निकाल देना चाहते हैं। सुषमा के माफ़ी माँग लेने के बाद उसे सशर्त रहने की अनुमति देते हैं, लेकिन सुषमा और नवीन का प्रेम कम नहीं होता। गाँधी आक्रामक रवैया अपनाते हैं। इसी सन्दर्भ मैं वे एक रात कस्तूरबा को सपने में देखते हैं और पुनर्विचार करने की

ज़रूरत महसूस होती है। नाटक के 'गाँधी' ब्रह्मचर्य, विवाह, स्त्री–पुरुष सम्बन्धों के सन्दर्भ में अपने विचारों में ढील देते दिखायी पड़ते हैं।

मेरे पिछले नाटक की तरह 'गोडसे@गाँधी.कॉम' में भी निर्देशकों को मुख्य समस्या यही लगेगी कि नाटक का पाठ और दृश्यों की क्रमबद्धता किसी तरह की 'कलात्मक छूट' के लिए 'स्कोप' नहीं छोड़ती। दृश्यों और पात्रों के साथ किसी तरह के नये प्रयोग नाटक की मूल आत्मा को खण्डित करेंगे। इस कारण कुछ जोड़ना–घटाना ख़तरनाक सिद्ध हो सकता है। लेकिन दृश्यों के भीतर निर्देशक पूरी आज़ादी का अनुभव करेंगे और उसके 'व्याकरण' को तथा ध्वनि, प्रभाव और संगीत को अपने ढंग से कम्पोज़ कर सकेंगे, प्रकाश व्यवस्था और मंच पर कलाकारों की विभिन्न गतियों पर भी निर्देशक अपने ढंग से काम कर सकते हैं।

दरअसल नाटक के पाठ और निर्देशक के बीच समस्या उस समय पैदा होती है जब मूल पाठ के उद्देश्य को लेकर अलग–अलग नज़रिये सामने आते हैं। उदाहरण के लिए मेरा पिछला नाटक 'जिस लाहौर नयी देखिया....' एक ऐतिहासिक बिन्दु पर भावनात्मक ढंग से साम्प्रदायिकता, सांस्कृतिक समन्वय, धर्म के मानवीय पक्ष और समाज के प्रति कवि की कल्पनाओं को बहुत मद्धम स्वरों में उद्घाटित करता है। कुछ निर्देशक नाटक के इस मूल प्रयोजन को नहीं समझ पाये या कारणवश या अपनी प्रतिबद्धता के चलते नाटक को उग्र साम्प्रदायिकता विरोधी नाटक में बदलने का प्रयास किया। यह नाटक की मूल आत्मा से छेड़छाड़ थी, जिसने नाटक की सारी सुन्दरता को कुरूपता में बदल दिया। कलात्मकता और नारेबाजी के बीच नाक का मूल स्वर ग़ायब हो गया।

'गोडसे@गाँधी.कॉम' के केन्द्र में गाँधीवाद है जिसका विस्तार ही नाटक का मूल कथानक है। राजनीतिक विषय के साथ मानवीय सम्बन्धों के अन्तर्द्वन्द्व के माध्यम से इसके कथानक को अधिक ग्राह्य बनाने का प्रयास किया गया है। यही कारण है कि नाटक के प्रारम्भ

में ही सुषमा और नवीन प्रसंग सामने आ जाता है। इसी उद्‌देश्य से बावनदास और निर्मला की कल्पना की गयी है। ये पात्र नाटक को सामान्यजन के निकट लाते हैं और गाँधी के विचारों में आने वाले परिवर्तन का कारण बनते हैं। इसलिए नाटक के निर्देशक के लिए इन पात्रों पर विशेष ध्यान दिया जाना ज़रूरी है।

नाटक में दृश्यों से पहले वॉयस–ओवर शुरू होता है। वॉयस–ओवर उस समय शुरू होता है जब मंच पर अँधेरा होता है। धीरे–धीरे वॉयस–ओवर के आगे बढ़ते ही मंच पर बहुत आहिस्ता–आहिस्ता प्रकाश आता है। वॉयस–ओवर नाटक के कथासूत्रों को समेटने तथा उन्हें दशा देने के लिए आवश्यक था। नाटक की कथावस्तु इतनी व्यापक है कि यदि वॉयस–ओवर का प्रयोग न किया जाये तो सूत्र बिखर जायेंगे।

नाटक के पात्रों में गोडसे का अभिनय भी अधिक सतर्कता की माँग करता है। नाटक के प्रमुख पात्रों गाँधी और गोडसे में परिवर्तन आते हैं लेकिन उन परिवर्तनों की चर्चा 'स्थूल' रूप से नहीं की गयी है। गोडसे का चरित्र निभाने वाले अभिनेता के लिए 'बॉडी लैंग्वेज' के माध्यम से भावनाओं और विचारों को व्यक्त करने की क्षमता आवश्यक है। गोडसे, गाँधी से मिलने के बाद, आत्ममन्थन में डूब जाता है। वह कहीं कुछ 'स्वीकार' नहीं करता, बल्कि अपनी मान्यताओं पर दृढ़ ही दिखायी देता है, लेकिन उसकी 'बॉडी लैंग्वेज', भाव–भंगिमाएँ, भाषा का स्वर और स्तर यह स्पष्ट रूप से दिखाते हैं कि वह गहरे विचारों, द्वन्द्व में डूबा हुआ है और बदलाव की ओर बढ़ रहा है।

गाँधी कहीं आक्रामक नहीं हैं, उनके विचार, विशेषरूप से गोडसे से वैचारिक वार्तालाप बहुत आत्मीय, सहज और सरल लगना चाहिए। कस्तूरबा के साथ गाँधी के सीन में नाटकीयता के तत्त्वों का समावेश आवश्यक है।

नाटक के अन्तिम दृश्य में लम्बा समय बीतने का आशास उत्पन्न करने के लिए एक 'कोलाज' बनाया गया है। इसकी प्रभावशाली प्रस्तुति

नाटक को अधिक प्रभावशाली बना सकती है। इसके अतिरिक्त नाटक के अन्य दृश्यों की परिकल्पना स्पष्ट है और उसके प्रति यथार्थवादी रवैया अपनाया जाना चाहिए।

दिल्ली
7 सितम्बर, 2011

—असग़र वजाहत

संशोधित संस्करण की भूमिका

लगभग 10 साल पहले मैंने 'गोडसे@गाँधी.काम' नाटक लिखा था। इस नाटक को सबसे पहले विख्यात अभिनेता और निर्देशक टॉम ऑल्टर ने मंच पर प्रस्तुत किया था। यह नाटक गुज़राती में निमेष देसाई ने 'हूँ छूँ मोहनदास' के नाम से किया था। कन्नड़ में यह नाटक के कनटेश के निर्देशन में हुआ था। इसके अतिरिक्त अन्य रंग मण्डलियों ने भी यह नाटक देश के कई शहरों में किया है। आजकल प्रतिष्ठित नाटककार अरविंद गौड़ 'गोडसे@गाँधी.काम' के मंचन कर रहे हैं। मैंने नाटक के लगभग सभी प्रदर्शन देखे हैं। कभी–कभी यह लगा है कि नाटक के माध्यम से जो मैं कहना चाहता हूँ वह पूरी तरह ऊभर कर सामने नहीं आया है। दरअसल मंच पर नाटक की प्रस्तुति ही नाटक की कमियाँ बताती है। इस नाटक को लेकर काफ़ी विवाद भी रहा है। नाटक के मंचन देखने के बाद मुझे यह लगा कि नाटक में कुछ जोड़ना और घटना ज़रूरी है।

हिन्दी फ़िल्म जगत के प्रसिद्ध निर्देशक राजकुमार सन्तोषी इस नाटक में विशेष रुचि ले रहे थे। कुछ ही समय पहले उन्होंने फैसला किया कि वे 'गोडसे@गाँधी.काम' पर फीचर फ़िल्म बनायेंगे। यह काम आगे बढ़ चुका है। नाटक के आधार पर फ़िल्म की पटकथा लिखी जा चुकी है। राजकुमार सन्तोषी बहुत कल्पनाशील व्यक्ति हैं और वे भारतीय समाज, इतिहास और राजनीति की बारिकियों को भी समझते हैं। नाटक पर उनके साथ विस्तार से चर्चा के दौरान कुछ

नये पक्ष भी सामने आये। कुछ ऐसे प्रसंग बने जो केवल फ़िल्म में ही समाहित हो सकते हैं। लेकिन कुछ बातें ऐसी भी सामने आयीं जिन्हें नाटक में लिया जा सकता है। विचार–विमर्श के दौरान नाटक का केन्द्रिय मुद्दा अर्थात् गाँधी और गोडसे का संवाद तथा उस संवाद के माध्यम से बनता हुआ एक नया रास्ता अधिक स्पष्ट होकर सामने आया। मूल नाटक में गाँधी और गोडसे का संवाद सहमतियों की ओर संकेत करता है। दोनों पक्ष तर्क करते हैं और फिर सहमती बनती हुई दिखायी देती है। नाटक के पहले संस्करण में नाटक का अन्त गीता के एक पद पर कर दिया गया था लेकिन संशोधित संस्करण में यह अन्त बदल गया है। बदला हुआ अंक नाटक की मूल भावना से अधिक मेल खाता है।

संशोधित नाटक में कुछ पात्रों को हटाकर उनकी जगह नाटक के अन्य पात्रों को रखा गया है। महत्त्वपूर्ण मुद्दों पर जो संवाद थे उन्हें अधिक पैना बनाने की कोशिश की गयी है। नाटक के अन्त में कुछ प्रसंग और घटनाएँ जोड़ी गयीं हैं जिनके माध्यम से विषय वस्तु उभर कर सामने आती है।

यह नाटक एक काल्पनिक मुद्दे पर आधारित होने के बावजूद स्वतन्त्र भारत की वैचारिक, सामाजिक, राजनीतिक स्थिति पर टिप्पणी करता है। नाटक यह प्रश्न भी उठाता है कि आज़ादी के बाद सत्ता में आयी कांग्रेस सरकार का क्या स्वरूप और उद्देश्य था। सामाजिक और आर्थिक विकास की परिकल्पना पर बहस की गयी है।

आशा है संशोधित पाठ अधिक प्रभावशाली होगा।

26 जुलाई, 2019

–असग़र वजाहत

पात्र-परिचय

मोहनदास करमचन्द गाँधी

नाथूराम गोडसे

बावनदास *(फणीश्वर नाथ रेणु के उपन्यास मैला आँचल का पात्र)*

सुषमा शर्मा *(दिल्ली की एक मिडिल क्लास फैमिली की लड़की जिसने बीए पास किया है, जो महात्मा गाँधी की अन्धभक्त है।)*

नवीन जोशी *(दिल्ली कॉलेज में अंग्रेज़ी के युवा प्राध्यापक)*

निर्मला शर्मा *(सुषमा शर्मा की माँ, हरियाणा की निवासी)*

प्यारेलाल

जवाहरलाल नेहरू

सरदार पटेल

मौलाना आज़ाद

नाना आप्टे

दृश्य : एक

(मंच पर अँधेरा है। वॉयस ओवर समाचार के रूप में शुरू होता है)

–ये ऑल इण्डिया रेडियो है अब आप देवकी नन्दन पाण्डेय से ख़बरें सुनिये। समाचार मिला है कि ऑपरेशन के बाद महात्मा गाँधी की हालत में तेज़ी से सुधार हो रहा है। उन पर गोली चलाने वाले नाथूराम गोडसे को अदालत ने 15 दिन की पुलिस हिरासत में दे दिया है। देश के कोने–कोने से हज़ारों लोग महात्मा गाँधी के दर्शन करने दिल्ली पहुँच रहे हैं।

(आवाज़ फेड आउट हो जाती है और मंच पर रोशनी होती है। गाँधी के सीने में पट्टियाँ बंधी हैं। वे अस्पताल के कमरे में बिस्तर पर लेटे हैं। उनके हाथ में अख़बार है। मंच पर प्यारेलाल आते हैं।)

प्यारेलाल : बापू, डॉक्टरों का कहना है कि अभी कम... *(गाँधी अख़बार नीचे रख देते हैं)*...से कम 15 दिनों तक दवायें लेनी पड़ेंगी।

गाँधी : प्यारेलाल अब मैं ही अपना डॉक्टर हूँ...जब मैं बेहोश था तो दूसरी बात थी।

प्यारेलाल : बापू आपको पता नहीं है...कितना खून बहा है आपका...

गाँधी : मुझे ये मालूम है कि मुझे कितने खून की ज़रूरत है और मेरे शरीर में कितना है।

प्यारेलाल : आप कम से कम डॉक्टरों की बात तो...

गाँधी : *(बात काट कर)*...मुझे मरीज़ों की देख–भाल करने का अच्छा अनुभव है प्यारेलाल...तुम फिक्र मत करो ...*(कागज़ बढ़ाते हुए)*...ये दो किताबें मुझे चाहिए। किसी को भेज कर मंगा दो।
(प्यारेलाल कागज़ लेकर बाहर निकल जाते हैं। दूसरी तरफ़ से सुषमा और नवीन अन्दर आते हैं। सुषमागाँधीजी के पैर छूती है तो वे अख़बार हटा कर उसे देखते हैं।)

गाँधी : कौन हो तुम? क्या बात है?

सुषमा : मेरा नाम सुषमा है...मैं शहीद रामपाल वर्मा की बेटी हूँ।

गाँधी : *(कुछ सोचते हुए)* रामपाल वर्मा...हाँ मुझे उनकी याद है...बड़े साहसी आदमी थे...तुम क्या कर रही हो ?

सुषमा : बी.ए. का इम्तिहान दिया है।

गाँधी : तो अब?

सुषमा : जो बापू आप करते हैं...वही करना है...आपके साथ देश सेवा।
(गाँधी नवीन को देखते हैं।)

गाँधी : ये कौन है...

सुषमा : ये नवीन हैं बापू।

गाँधी : तुम क्यों आये हो?

नवीन : आपके दर्शन करने...

गाँधी : दर्शन? क्या मैं तुम्हें मन्दिर में लगी मूर्ति लगता हूँ?

नवीन : ज्ज...जी...

गाँधी : तुम लोग अपना भी समय बर्बाद करते हो और मुझे भी परेशान करते हो...

नवीन : बापू मैं आपके साथ देश सेवा...

गाँधी : *(बात काट कर)* तुम करते क्या हो?

नवीन : बापू मैं दिल्ली कॉलेज में अंग्रेज़ी पढ़ाता हूँ...

गाँधी : देश सेवा तो तुम कर ही रहे हो...

(प्यारेलाल का प्रवेश। वे घूर कर सुषमा और नवीन को देखते हैं)

प्यारेलाल : आप लोग कौन हैं? और अन्दर कैसे आ गये? आपको मालूम है...डॉक्टरों ने बापू को 'कम्पलीट रेस्ट' बताया है...मेहरबानी करके बाहर जाइये...

गाँधी : प्यारेलाल यहाँ तुम लोगों को ठहरने नहीं देगा...कल प्रार्थना सभा में आना...

(सुषमा और नवीन नमस्कार करके बाहर निकल जाते हैं। नेहरू, पटेल और मौलाना आते हैं)

नेहरू : आप कैसे हैं बापू?

गाँधी : ठीक हूँ...

पटेल : ड्रेसिंग हो रही है?

गाँधी : मैं ख़ुद ही कर रहा हूँ...

मौलाना : आप?

गाँधी : हाँ...हाँ...क्यों...अब जख़्म सूख रहा है।

मौलाना : आपकी ख़ैरियत मालूम करने को पूरा मुल्क बेचैन है।

नेहरू : ब्रिटेन के किंग जार्ज और प्राइम मिनिस्टिर रिचर्ड हेडली के केबिल भी आये हैं।

मौलाना : पोस्ट टेलीग्राफ वालों को इतने ख़त और तार कभी मिले ही नहीं...डाकख़ानों में ख़त रखने की जगह ही नहीं है।

पटेल : बापू...नाथूराम गोडसे ने सब कुबूल कर लिया है।

गाँधी : कौन है ये? क्या करता था?

पटेल : पूना का है...वहाँ से एक मराठी अख़बार निकालता था...सावरकर उसके गुरु हैं...हिन्दू महासभा से भी उसका सम्बन्ध है...ये वही लोग हैं जिन्होंने प्रार्थना सभा में बम विस्फोट किया था...बहुत खतरनाक लोग हैं...

गाँधी : *(कुछ सोचकर)*...मैं गोडसे...से मिलना चाहता हूँ...

सब : *(हैरत से)*...जी?

गाँधी : हाँ...मैं गोडसे से मिलना चाहता हूँ...परसों ही मिलूँगा...डिस्चार्ज होते ही।

नेहरू : बापू परसों तो हमने रामलीला मैदान में एक बहुत बड़ी मीटिंग रखी है, जहाँ कम से कम एक लाख लोग...

गाँधी : मैं पहले गोडसे से मिलूँगा...

पटेल : क्यों बापू...वह आपकी हत्या करना चाहता था...

गाँधी : मिलने की यही वजह है।

नेहरू : बापू यह सुनकर पूरा देश परेशान हो जायेगा कि आप गोडसे से मिलने जा रहे हैं।

गाँधी : आदमी परमात्मा की सबसे बड़ी रचना है...उसे समझने में समय लगता है।

पटेल : तो हम सब आपके साथ जायेंगे।

गाँधी : *(बात काटकर)*...नहीं, मैं गोडसे से अकेले मिलना चाहता हूँ...

नेहरू : *(घबराकर)* अकेले...?

दृश्य : दो

(मंच पर अँधेरा है। वॉयस ओवर शुरू होता है।)

–गाँधी जी अपनी ज़िद पर डटे रहे। बड़े–बड़े नेताओं के अपील करने, अख़बारों के एडीटरों की राय और जनता के निवेदन के बावजूद वे नाथूराम गोडसे से मिलने गये। राज हठ और बाल हठ के साथ लोगों ने गाँधी हठ को भी जोड़ दिया। गाँधी अपने प्रोग्राम के मुताबिक ठीक आठ बजे दिल्ली जेल के गेट पर पहुँच गये।

(धीरे–धीरे प्रकाश आता है। जेल में नाथूराम अपनी कोठरी में सीखचों के पीछे खड़ा है। सामने से गाँधी आते हैं। उनके साथ जेलर है।)

गाँधी : *(नाथूराम को देखकर)*...यह क्या है? बीच में लोहे की सलाखे क्यों हैं?

जेलर : महात्मा जी...यही हुक्म मिला है कि...

गाँधी : नहीं...ये नहीं हो सकता...इस तरह से कोई बात नहीं हो सकती...नाथूराम को बाहर निकालो।

जेलर : *(हकलाता है)* महात्मा जी...मैं...मुझे...माफ़ करें...

गाँधी : वल्लभ से पूछो...

जेलर : कहा गया है...जैसा आप कहें...

गाँधी : तो ठीक है...गोडसे को बाहर निकालो।
(हवलदार लोहे के फाटक का ताला खोलता है। नाथूराम बाहर निकाला जाता है। उसके हथकड़ियाँ और बेड़ियाँ पड़ी हैं।)

गाँधी : ये क्या है...नाथूराम के हथकड़ियाँ और बेड़ियाँ क्यों पड़ी हैं...

जेलर : जी...जी...क्रिमिनल है...

गाँधी : गोडसे की हथकड़ियाँ और बेड़ियाँ खोलो...

जेलर : *(बहुत घबराकर)* जी...जी...जी...या...ये कैसे...

गाँधी : गोडसे की हथकड़िया और बेड़िया जल्दी खोलो...
(हवलदार हथकड़ियाँ और बेड़िया खोल देता है।)

गाँधी : *(जेलर से)*...अब तुम जाओ।

जेलर : *(हैरत से)*...क्या महात्मा जी?

गाँधी : हाँ, अब तुम जाओ...

जेलर : लेकिन आपकी सिक्युरिटी के लिए...

गाँधी : *(बात काटकर)*...मुझे विश्वास है, नाथूराम मुझ पर हमला नहीं करेगा।
(जेलर और हवलदार चले जाते हैं। धीरे–धीरे गाँधी नाथूराम के सामने आकर खड़े हो जाते हैं। नाथूराम उनकी तरफ़ नफ़रत से देखता है और मुँह फेर लेता है। गाँधी उधर मुड़ जाते हैं, जिधर गोडसे ने मुँह फेरा है।

अन्ततः दोनों आमने–सामने आते हैं। गाँधी हाथ जोड़कर गोडसे को नमस्ते करते हैं। गोडसे कोई जवाब नहीं देता।)

गाँधी : नाथूराम...परमात्मा ने तुम्हें साहस दिया...और तुमने अपना अपराध कुबूल कर लिया...सच्चाई और हिम्मत के लिए तुम्हें बधाई देता हूँ।

गोडसे : *(गुस्से और घृणा से)* मैंने तुम्हारी बधाई पाने के लिए कुछ नहीं किया।

गाँधी : फिर तुमने अपना जुर्म क्यों कुबूल किया?

गोडसे : *(उत्तेजित होकर)*...जुर्म...मैंने कोई अपराध नहीं किया है। मैंने यही बयान दिया है कि मैंने तुम पर गोली चलाई थी। मेरा उद्देश्य तुम्हारा बध करना था...

गाँधी : तो तुम मेरी हत्या को अपराध नहीं मानते?

गोडसे : नहीं...

गाँधी : क्यों...?

गोडसे : क्योंकि मेरा उद्देश्य महान्‌ था...

गाँधी : क्या...?

गोडसे : इस देश को और हिन्दुओं को तुमसे बड़ी हानि हुई है...हिन्दू, हिन्दी, हिन्दुस्तान अर्थात् हिन्दुत्व को बचाने के लिए एक क्या मैं सैकड़ों की हत्या कर सकता हूँ।...तुम हिन्दुओं के शत्रु हो...सबसे बड़े शत्रु...

गाँधी : मैं तुम्हारा मित्र हूँ गोडसे...और इसीलिए मैंने तय किया है कि मैं अदालत में बयान देने नहीं जाऊँगा...

गोडसे : *(अधिक घबराकर)*...नहीं...नहीं...तुम ये नहीं कर सकते।

गाँधी : *(शान्त स्वर में)*...गोडसे...तुमने अपनी अन्तरात्मा की आवाज़ सुनी...मेरे ऊपर गोली चलायी...मुझे मेरी अन्तरात्मा की आवाज़ सुनने दो...मैंने तुम्हें माफ़ कर दिया है।

गोडसे : *(चिल्लाकर)* तुम्हारी हत्या के आरोप में मैं फाँसी पाना चाहता था...

गाँधी : दूसरे के लिए हिंसा और अपने लिए भी हिंसा ...ये क्या है नाथूराम...तुम ब्राह्मण हो...ब्राह्मण के कर्म में ज्ञान, दया, क्षमा और आस्तिकता होनी चाहिए।

गोडसे : *(क्रोध में)* मुझे मेरा कर्म मत समझाओ गाँधी...मैं जानता हूँ...मेरे विचार बहुत पक्के हैं...मैं वही करता रहूँगा...जिसे मैं सही समझता हूँ...

गाँधी : ईश्वर तुम्हें शान्ति दे...

(गाँधी मुड जाते हैं। गोडसे उन्हें देखता रहता है।)

दृश्य : तीन

(मंच पर अँधेरा, वॉयस ओवर शुरू होता है।)

—सुषमा और नवीन एक दूसरे से प्यार करते हैं। सुषमा गाँधी से इतनी प्रभावित है कि अगर कोई गाँधी के नाम पर उसकी जान भी माँगे तो वह दे सकती है। नवीन गाँधी का प्रशंसक है लेकिन अन्धभक्त नहीं है। सुषमा के प्यार ने नवीन को गाँधी के कुछ करीब ला दिया है। सुषमा गाँधी के साथ देश सेवा करना चाहती है। महात्मा ने उसे यह अवसर दे दिया है लेकिन नवीन के बारे में गाँधी का यह कहना है कि वह दिल्ली कॉलेज में पढ़ा रहा है और यही देश सेवा है।

(सुषमा पार्क में नवीन का इन्तज़ार कर रही है। नवीन उसके लिए उपहार लेकर आता है। सुषमा नवीन को देखकर नमस्कार करती है।)

नवीन : कैसी हो सुषमा...देखो मैं तुम्हारे लिए क्या लाया हूँ...

सुषमा : *(हँसकर)* आप जो भी लाये होंगे...अच्छा ही होगा...

नवीन : अन्दाज़ा लगाओ क्या है...

(नवीन सुषमा का हाथ अपने हाथ में ले लेता है।)

नवीन : *(डिब्बा उसे देता हुआ)* खोल कर देखो...

सुषमा : *(डिब्बा खोल कर देखती हुई)* कितने सुन्दर हैं...

नवीन : खादी से बनाये फूल हैं....

सुषमा : इनमें से एक फूल क्या मैं बापू को दे सकती हूँ?

नवीन : ज़रूर...क्यों नहीं...एक बात समझ में नहीं आती सुषमा...गाँधी जी मुझे अपने साथ देश सेवा की इजाज़त क्यों नहीं दे रहे हैं...

सुषमा : उन्होंने कहा तो...आप देश सेवा कर रहे हैं... दिल्ली कॉलेज में पढ़ा रहे हैं न?

नवीन : *(गुस्से में)*...अरे यार, ऐसी–तैसी में गया दिल्ली कॉलेज...मैं तुमसे दूर नहीं होना चाहता...

सुषमा : तो हम दूर कहाँ हैं...रोज़ मिलते रह सकते हैं...बापू दिल्ली में ही हैं।

नवीन : अरे गाँधी जी एक जगह कहाँ रहते हैं...और जहाँ–जहाँ वे जायेंगे तुम्हें उनके साथ जाना होगा...

सुषमा : आप इतना घबरा क्यों रहे हैं....

नवीन : *(भावुक होकर)* तुम्हें नहीं खोना चाहता...

सुषमा : हम दोनों ही एक–दूसरे को नहीं खोना चाहते...

नवीन : कहीं उन्हें शक तो नहीं हो गया?

सुषमा : कैसा शक?

नवीन : मतलब हमारी 'रिलेशनशिप' का पता तो नहीं चल गया है?

सुषमा : मुझे नहीं लगता...

नवीन : *(थोड़ा भावुक होकर)* मैं बहुत डर रहा हूँ सुषमा...

सुषमा : इसमें डरने की क्या बात है?

नवीन : तुम मुझे भूल जाओगी...

सुषमा : कैसी बातें कर रहे हैं आप...

नवीन : दूरियाँ सब कुछ खत्म कर देती हैं...

सुषमा : क्या हमारी रिलेशनशिप इतनी कमज़ोर है...

नवीन : बिल्कुल नहीं...हरगिज नहीं...

सुषमा : तो फिर डर कैसा?

नवीन : तुम गाँधी जी के साथ कब तक काम करोगी...

सुषमा : मुझे नहीं मालूम नहीं...किसी को नहीं मालूम होता... कि उसका सपना कब पूरा होगा।

नवीन : *(निराशा में)* तो मतलब हमारे बीच अब कुछ नहीं रहा...तुम मुझे छोड़ रही हो...

(सुषमा नवीन के कन्धे पर सिर रख कर रूआँसे स्वर में कहती है।)

सुषमा : नहीं...नहीं...नहीं...

दृश्य : चार

(मंच पर प्रकाश ओता है। गाँधी जी चरखा चला रहे हैं। प्यारेलाल उनके पास बैठे कुछ लिख रहे हैं।)

प्यारेलाल : बापू, ये नहीं हो सकता।

गाँधी : क्या?

प्यारेलाल : दस हज़ार चिट्ठियों के जवाब नहीं दिये जा सकते।

गाँधी : रास्ता निकालो...तुम जल्दी ही घबरा जाते हो ...ऐसा करो...एक शहर से आयी चिट्ठियों का एक जवाब लिखो...उसमें यह लिख दो कि यह चिट्ठी शहर के इन–इन लोगों को पढ़ा दी जाये। समझे?

प्यारेलाल : समझ गया...लेकिन फिर भी...

गाँधी : करो...और ये बताओ...कि आज की मीटिंग में, मैं जो कहेने जा रहा हूँ उसके नोट्स तुमने देख लिए हैं?

प्यारेलाल : हाँ, देख लिए हैं...बापू आपकी बातें...कभी–कभी समझ में नहीं आतीं।

गाँधी : कौन–सी बातें?

प्यारेलाल : यही जो आज की मीटिंग का मुद्दा है...मेरी तो समझ में आया नहीं...

गाँधी : उसके बारे में...मैं दो बार बात नहीं करूँगा ...नेहरू, बल्लभ और मौलाना को आ जाने दो...जो बातें होंगी तुम्हारे सामने ही होंगी... *(नेहरू, सरदार पटेल और मौलाना आज़ाद मंच पर आते हैं।)*

पटेल : आप कैसे हैं बापू?

गाँधी : तुम देख रहे हो...इस उम्र में जितना शारीरिक बल होना चाहिए उतना आ गया है... आध्यात्मिक शक्ति को बढ़ाने का प्रयास कर रहा हूँ।

नेहरू : सुना है आपने दवायें खाना छोड़ दिया है?

गाँधी : अपनी खुराक को ही मैंने दवा बना लिया है ...इसलिए दवाओं की ज़रूरत नहीं है।...*(कुछ कागज़ उठाते हुए)*...आज मैंने तुम लोगों को बड़ी...विशेष...बात करने के लिए बुलाया है ...सवाल बहुत बड़ा है पर कठिन मौकों पर वही मदद करता है...बहुत विस्तार में जाने की ज़रूरत नहीं है...लेकिन फिर भी...मैं थोड़ा पीछे से बात शुरू करना चाहता हूँ...आज़ादी की लड़ाई में हमारे साथ और हमसे अलग भी, बहुत से लोग कांग्रेस में शामिल थे...हमारे साथ ऐसे भी लोग थे जिनके ख़्यालात एक दूसरे से मिलते नहीं थे...लेकिन आज़ादी पाने की चाह में कांग्रेस के साथ आ गये थे...क्योंकि कांग्रेस

एक खुला मंच था, जहाँ सबका स्वागत किया जाता था...अब आज़ादी मिल चुकी है...मंच को पार्टी नहीं बनाना चाहिए।

नेहरू : मैं समझा नहीं बापू।

गाँधी : पार्टी में आमतौर पर एक राजनीतिक विचार रखने वाले होते हैं। आज कांग्रेस में अलग–अलग राजनीतिक विचार रखने वाले लोग हैं....यह ठीक है कि निर्णय बहुमत से होते हैं लेकिन पार्टी में मिलते–जुलते विचारों का होना ज़रूरी है...नीतियाँ बनाना ही सबकुछ नहीं होता, अगर पार्टी के लोगों के विचार अलग–अलग हों तो नीतियों को लागू करना कठिन हो जायेगा।

मौलाना : मैं आप से मुत्तफिक़ हूँ महात्मा जी...लेकिन अगर ग़ौर किया जाये तो ये सूरतेहाल हर पार्टी और हर सियासी तहरीक में होती है... पाँचों उँगलियाँ बराबर नहीं होतीं।

गाँधी : मौलाना, पाँचों उँगलियाँ बराबर नहीं होतीं... लेकिन खाना खाते वक़्त बराबर हो जाती हैं। देश निर्माण का काम कठिन है...अब हमें उधर ध्यान देना चाहिए...उसके लिए ज़रूरी है कि कांग्रेस को भंग कर दिया जाये।

नेहरू : *(हैरत से)* क्या कह रहे हैं बापू?

गाँधी : हाँ जवाहर...मैं जानता हूँ कि मैं बहुत कड़वी बात कह रहा हूँ...ऐसी बात जो ज़हर लग सकती है...पर है वह अमृत...

पटेल : कांग्रेस को भंग कर देने का औचित्य क्या है बापू...अब तो कांग्रेस में एकता और अनुशासन की भावना आयी है...

गाँधी : यह ऊपरी दिखावा है वल्लभ...अन्दर से ऐसा नहीं है...

पटेल : बापू आप जानते हैं कि आज देश की क्या हालत है? कश्मीर में युद्ध बढ़ता जा रहा है... कहने को तो क़बाइली हैं...लेकिन पाकिस्तानी सेना ने ही हमला किया है...शरणार्थियों का भार उठाना बस ये बाहर हो रहा है...हर मिनिस्ट्री...रात–दिन काम कर रही है...बुनियादी ज़रूरतें, खाना और सिर पर छत...यही नहीं पूरी हो पा रही है...हैदराबाद में जो हो रहा है, उसकी जानकारी आपको होगी ही...रज़ाकारों ने निज़ाम को अपनी गिरफ़्त में ले लिया है ...हैदराबाद एयरपोर्ट पर विदेशी जहाज उतर रहे हैं...कई स्तरों पर हैदराबाद को स्वतन्त्र देश बनाये जाने का काम हो रहा है...बाक़ी जूनागढ़...

मौलाना : *(बात काटकर)* ये समझ लीजिए एक पैर रकाब में है और दूसरा हवा में उठा हुआ है...ऐसी सूरत में घोड़े पर बैठना ही ज़रूरी है...

नेहरू : बापू देश के लोगों ने हमसे उम्मीदें लगा रखी हैं, उन्हें कौन पूरा करेगा...हम किसी को मुँह दिखाने लायक नहीं रह जायेंगे...

पटेल : भारत को एक देश बनाने का यही वक़्त है... और अगर अब कांग्रेस को डिज़ॉल्व कर दिया गया तो...शासन कौन करेगा...

गाँधी : वल्लभ असली बात यही है...जो तुमने अब कही है...सवाल ये है कि शासन कौन करेगा...तुम लोग अब शासन करना चाहते हो...

नेहरू : बापू...देश की जनता ने हमें चुना है...

गाँधी : हाँ...केवल आज़ादी की लड़ाई लड़ने के लिए ...सरकार चलाने के लिए नहीं चुना...मैं नहीं चाहता...जनता को धोखा दिया जाये...

नेहरू : धोखा?...कैसा धोखा?

गाँधी : मंच को राजनीतिक दल बना देना जनता को धोखा देना ही होगा जवाहर...तुम जानते हो न्याय और अन्याय का भेद न रहा तो बुनियाद ही कच्ची रह जायेगी...

मौलाना : महात्मा जी...कांग्रेस के डिज़ाल्व हो जाने के बाद हम लोग क्या करेंगे?

गाँधी : देश सेवा...जो हमने व्रत लिया हुआ है...हम सब भारत के गाँवों में चले जायेंगे और वहाँ के लोगों की सेवा करेंगे...गीता में आता है...'हम अपने अन्तःकरण की शुद्धि के लिए यज्ञ—कर्म करेंगे।'

नेहरू : सरकार में रहते हुए क्या हम जनता की ख़िदमत नहीं कर सकते।

गाँधी : सरकारें हुकूमत करती हैं जवाहर...सेवा नहीं करतीं...सरकारें सत्ता का प्रतीक होती हैं और सत्ता सिर्फ़ अपनी सेवा करती है...इसलिए सत्ता से जितनी दूरी बनेगी उतना ही अच्छा होगा।

नेहरू : बापू देश को बनाने के लिए अब हमें 'पॉलिसीज़' बनानी पड़ेगी...उन्हें लागू करना पड़ेगा... 'प्लानिंग कमीशन' बनेगा..'फाइव इयर प्लान' बनेंगे...तब देश से ग़रीबी और जिहालत दूर होगी...यही दो हमारी बड़ी 'प्रॉब्लम्स' हैं...मैं तो यही सोचता हूँ...और ये करने के लिए एक 'कमीटेड' सरकार बनाना ज़रूरी है।

गाँधी : जवाहर...तुम पत्तों से जड़ की तरफ जाते हो और मैं जड़ से पत्तों की तरफ़ आने की बात करता हूँ...तुम समझते हो कि सरकारी नीतियाँ बनाकर, उन्हें सरकारी तौर पर लागू करने से देश की भलाई होगी...मैं ऐसा नहीं मानता...मैं कहता हूँ लोगों को ताकत दो, ताकि वे अपने लिए वह सब करें जो ज़रूरी समझते हैं...चिराग़ के नीचे अँधेरा होता हैं, लेकिन सूरज के नीचे अँधेरा नहीं होता...मेरे प्रस्ताव पर विचार करो...

पटेल : बापू...आपका प्रस्ताव कांग्रेस वर्किंग कमेटी में रख दिया जायेगा...

गाँधी : तुम लोग क्या सोचते हो?

नेहरू : बापू...ये तो बातचीत के बाद ही पता चलेगा।

गाँधी : ठीक है चर्चा करो...बहुत गंभीर विषय है...समझ लो देश का भविष्य इस पर टिका हुआ है...और ये फैसला अभी करना है...यह समय बीत गया तो यह मौका पता नहीं कब आयेगा।

दृश्य : पाँच

(मंच पर अँधेरा, वॉयस ओवर शुरू होता है।)

उद्‌घोषणा : कांग्रेस पार्टी के इतिहास में ये पहली बार हुआ कि वर्किंग कमेटी ने महात्मा गाँधी के प्रस्ताव को ख़ारिज कर दिया। यह सरल काम न था। आठ घंटे चली इस बैठक में तमाम तरह के उतार–चढ़ाव आये थे और आख़िरकार वर्किंग कमेटी के सभी सदस्य इस बात से सहमत थे कि तत्काल कांग्रेस पार्टी को डिजल्ब नहीं किया जा सकता। यह जानकारी गाँधी जी को दे दी गयी थी और उत्तर में गाँधी जी ने एक छोटा–सा पत्र कांग्रेस के अध्यक्ष आचार्य कृपलानी को लिख दिया था। इस छोटे से पत्र ने कांग्रेस के नेताओं में खलबली मचा दी थी। गाँधी जी ने लिखा था कि कांग्रेस वर्किंग कमेटी द्वारा उनके प्रस्ताव को ख़ारिज कर दिये जाने के बाद अब उनका कांग्रेस से कोई सम्बन्ध नहीं रह गया है।

(कांग्रेस पार्टी के कार्यालय में आचार्य कृपलानी, जवाहर लाल नेहरू, सरदार पटेल और मौलाना आज़ाद गाँधी के पत्र पर चर्चा कर रहे हैं। नेहरू गाँधी जी का पत्र हाथ में लिए बेचैनी से टहल रहे है। बाक़ी सभी लोग ख़ामोश बैठे हैं।)

नेहरू : बापू के साथ पच्चीस साल काम करने के बाद भी मैं उन्हें पूरी तरह समझ नहीं पाया...हम लोगों में 'डिफ़रेंस ऑफ़ ओपिनियन' तो बहुत पहले से रहे हैं...लेकिन कभी इसकी वजह से काम नहीं रुका था...आज काम रुक रहा है।

मौलाना आज़ाद : इसमें कोई शक नहीं कि महात्मा जी की हर बात के पीछे एक गहरी सोच और फ़िक्र काम करती है...लेकिन सवाल ये है कि आज के हालात...और उसके तक़ाज़े क्या हैं?

सरदार पटेल : बापू ने पता नहीं क्या सोच कर यह लिखा है इस वक़्त जबकि हमें उनकी सबसे ज़्यादा ज़रूरत है...

आचार्य कृपलानी : क्या इस सम्बन्ध में जमनालाल बजाज गाँधी जी से बात कर सकते हैं?

नेहरू : मैं तो ये सोच रहा था कि आचार्य नरेन्द्र देव और सेठ जी दोनों मिलकर बापू से बात करें।

सरदार पटेल : जवाहर इससे अच्छा ये होगा कि हम सब एक बार फिर बापू से मिलें...उनके पास अभी वे सारी सूचनाएँ नहीं हैं जो सरकार के पास हैं।

मौलाना आज़ाद : मुझे भी यही बेहत्तर मालूम होता है।

आचार्य कृपलानी : इतना बड़ा फैसला लेने से पहले उन्होंने सबकुछ सोचा होगा...और मुझे लगता है कि शायद अब उन्हें अपना फैसला बदलना बहुत कठिन होगा।

(एक आदमी कई अख़बार लेकर अन्दर आता है और मेज़ पर अख़बार रख देता है। नेहरू तेजी से आगे बढ़कर एक अख़बार उठा लेते हैं।)

नेहरू : *(घबराकर)* अरे...अरे ये क्या है?

सरदार पटेल : क्यों क्या हुआ...

नेहरू : 'इस्टेसमैन' की हेडलाइन है। गाँधी 'कुइटस' कांग्रेस...

(मौलाना आज़ाद दूसरा अख़बार उठाते हैं और उसे पढ़ते हुए कहते हैं।)

मौलाना आज़ाद : हिन्दुस्तान टाइम्स की भी यही हेडलाइन है...लेकिन एंगिल दूसरा है...लिखा है 'रिफ्रट बिट्विन कांग्रेस एण्ड गाँधी'।

नेहरू : इसका मतलब है लेटर यहाँ भेजने के साथ–साथ यह प्रेस को भी रिलीज कर दिया गया था।

आचार्य कृपलानी : इससे पहले तो बापू ने कभी ऐसा नहीं किया था।

नेहरू : अब तो लगता है सारे दरवाजे बन्द हो चुके हैं...

सरदार पटेल : फिर भी कोशिश करके देखने में क्या नुक्सान है...

मौलाना आज़ाद : हाँ...कोशिश तो करना ही चाहिए...

(नेहरू हाथ में अख़बार लेकर तेजी से टहलने लगते हैं। नेहरू टहलते–टहलते रुक जाते हैं वे बहुत उत्तेजित लग रहे हैं।)

नेहरू : हम सब को उनके पास जाना चाहिए...और अभी जाना चाहिए...फौरन जाना चाहिए। हमें उस वक़्त तक लौटना ही नहीं चाहिए जब तक वो हमारी बात मान न लें...ये बहुत ज़रूरी है कि बापू हमारे साथ हों...हमारे साथ रहें।

दृश्य : छह

(मंच पर अँधेरा, वॉयस ओवर।)

—नेहरू, पटेल और मौलाना आज़ाद ने गाँधी से कई मुलाकातें कीं। उन्हें इस बात पर राज़ी करने की कोशिश की के वे कांग्रेस से अपना रिश्ता न तोड़ें। घनश्याम दास बिड़ला, जमनालाल बजाज, पण्डित सुन्दर लाल, आचार्य नरेन्द्र देव ने भी गाँधी जी से कांग्रेस में बने रहने की अपील की। पर गाँधी हठ के आगे सब फेल हो गये थे। गाँधी के कांग्रेस से अलग होते ही स्थितियाँ बदल गयी थीं। गाँधी अकेले पड़ गये थे। अब उनके साथ कोई न था। एक प्यारेलाल थे, जो अब तक गाँधी के साथ बने हुए थे।

(मंच पर धीरे–धीरे प्रकाश आता है। गाँधी बैठे चरखा चला रहे हैं। पास में ही प्यारेलाल बैठे कागज़ उलट–पुलट रहे हैं।)

गाँधी : प्यारेलाल...तुम भी विचार कर लो।

प्यारेलाल : क्या विचार करूँ बापू?

गाँधी : यह तो नहीं कहूँगा कि 'उन' लोगों ने मुझे छोड़ दिया है...लेकिन ये ज़रूर कहूँगा कि 'उन्हें' अब मेरी उतनी ज़रूर नहीं रह गयी है जितनी पहले थी...सबने यह समझ लिया है कि 'उनके' साथ रहने में ही भलाई है...क्या तुम अब भी मेरे साथ ही रहना चाहते हो?

प्यारेलाल : बापू इतना अपमान तो मेरा कभी नहीं हुआ...

गाँधी : हो सकता है तुम्हें बहुत दुःख हुआ हो...उसके लिए क्षमा चाहता हूँ...मैं कह रहा था, आज़ाद भारत में तुम्हारा भविष्य उन लोगों के साथ है जो मुझे छोड़ चुके हैं, क्या तुम उनके पास जाना नहीं पसन्द करोगे? उनकी सरकार बनेगी...मन्त्री बनेंगे...राजदूत बनेंगे...बड़े–बड़े पद बाँटे जायेंगे...क्या तुम...

प्यारेलाल : *(बात काट कर)* बापू, इस बात को यहीं बन्द कर दिया जाये तो अच्छा है...

(मंच पर बावनदास आता है। उसने भूदानी झोला कन्धे से लटका रखा है। चेहरे पर बेतरतीब दाढ़ी है, सिर पर अंगोछा बाँध रखा है। वह आते ही गाँधी के पैर छूता है। गाँधी उसे इस तरह देखते हैं जैसे पहचान नहीं पाये हों।)

बावनदास : आप हमें चीन्हें नहीं न?

गाँधी : तुम्हारा नाम क्या है?

बावनदास : अब देखिए, हम कुल बात बताते हैं...थोड़ा दम लेने दीजिए...हम बड़ी दूर से...चला आ रहा हूँ...

प्यारेलाल : अपना नाम बताइए न?

बावनदास : हम आपको नहीं चीन्हते...आपको अपना नाम न बतायेंगे...गान्ही बाबा को चीन्हते हैं...बाबा हमारा नाम बावनदास है...कुछ चेत में आया...?

गाँधी : हाँ, कुछ याद तो आता है।

बावनदास : ध्यान करें बाबा, आप पूर्णिया गये थे न...? पटना के सिरी बाबू के साथ...उधर भाखन हुआ था आपका...उधर हम था...ध्यान आया होगा? सामने वाली पाँत में बैठा था...ज़ोर से गान्ही बाबा की जय बोलता था...चीन्ह गये ना...

गाँधी : हाँ...हाँ...ठीक है...कैसे आये हो?

बावनदास : बाबा हम जब सुना कि आपके ऊपर हमला हुआ है तो हम नहीं आये...हम जब सुना कि आप ठीक हो गये हैं...तब भी हम नहीं आये...पर जब हम सुना कि आप कांग्रेस छोड़ दीये हैं तो हम आ गये...

गाँधी : क्यों...?

बावनदास : हम भी कांग्रेस छोड़ दिया है...छियालिस साल के बाद छोड़ा है...हम कांग्रेस का भोलिन्टियर बना था...जब दाढ़ी मोच्छ नहीं था...उसी समय धरती माता को मत्थे पर लगाया था...कसम खाया था...सेवा करने की...

गाँधी : तो इधर क्यों आ गये...

बावनदास : *(रुहाँसी आवाज़ में)* रोज सपने में आता है कि भारत माता रो रहा है...रोज सपने में आता है

...उधर पूर्णिया में बिरंची लाल है न?...वहीं जो पिकेटिंग वाले भोल्टियरों को मारने को पुलिस बुलाता था...हमें उसका लठैत और पुलिस डंडा, जूता से हमें मारता था, वही बिरंची लाल। *(बावनदास बोलते–बोलते रूआँसा होकर रुक जाता है।)*

गाँधी : हाँ क्या हुआ बिरंची लाल को...

बावनदास : अब हम क्या बताये बाबा...

गाँधी : बावनदास कुछ छिपाना पाप है...

बावनदास : *(गुस्से में चिढ़कर)* वही बिरंजी लाल कांग्रेस का जिला अध्यक्ष बना है...पूरा खद्दड़ पहनता है...सफेद टोपी लगाता है...झकाझक करता है ...अब हम क्या उसे परनाम करेगा...वही पुलिस है...वही पटवारी है...वही जेल है...भारत माता रोता है...तो हम कांग्रेस छोड़ दिया।

गाँधी : अब क्या करोगे?

बावनदास : वही जो बाबा आप करोगे।

गाँधी : बावनदास...मैं वहाँ जा रहा हूँ जहाँ से तुम आ रहे हो...मेरा अब दिल्ली में कोई काम नहीं बचा है...जो कुछ मैं करना चाहता हूँ...वह वहीं हो सकता है जहाँ से तुम आ रहे हो...लौटकर मेरे साथ चलोगे?

बावनदास : हम तो कह दिये हैं...जहाँ बाबा आप जाओगे, उधर ही मैं...

(मंच पर सुषमा, निर्मला और नवीन आते हैं। वे अपना–अपना सामान भी उठाए हुए हैं।

सामान रखकर सुषमा गाँधी के पैर छूती है। नवीन भी पैर छूता है। निर्मला नमस्ते करती है।)

सुषमा : बापू ये मेरी माता जी हैं...

गाँधी : बहुत साल बात देख रहा हूँ तुम्हें...तुम्हारा नाम क्या है...

निर्मला : निर्मला बोलते हैं जी...गाँधी बाबा तुम्हें याद है...तुम सुषमा के बाबू को देखने घर आये थे न...

गाँधी : हाँ...मुझे याद है...बहुत बहादुर आदमी था रामपाल वर्मा...तुम्हारी लड़की भी बहादुर लगती है...

निर्मला : हाँ जी...मैं जी, इसकी माँ हूँ...ये लड़की जी मेरी है...इसे छोड़कर मेरा कोई और ना है...ये बोली तुम्हारे साथ जा रही है...अब सोच्चो, मैं अकेले घर में क्या करती? मैंने कहा, चल मैं भी चलती हूँ...बाबा के साथ मैं भी आश्रम में रहूँगी...अब देक्खो जी, मैं पढ़ी–लिखी तो ना हूँ...पर घरबार का काम जानती हूँ...तेरे पास एक बकरी है...तो मैं तेरी बकरी का पूरा ध्यान रख सकती हूँ...

गाँधी : हाँ यह बड़ा अच्छा होगा...निर्मला निर्मला का ध्यान रखेगी...मेरी बकरी का नाम भी निर्मला है।

(गाँधी ज़ोर का ठहाका लगाते हैं।)

गाँधी : *(नवीन से)*...और तुम...क्या नाम है तुम्हारा...

नवीन : नवीन जोशी।

गाँधी : हाँ...तुम तो दिल्ली कॉलेज में पढ़ाते हो।

नवीन : जी...जी...लेकिन...बापू...

गाँधी : मैं तुमसे पहले ही कह चुका हूँ कि तुम जो काम कर रहे हो, वही करते रहो...पूरा देश मेरे साथ काम नहीं कर सकता...अगर तुम्हारी ज़रूरत महसूस होगी तो मैं तुम्हें आश्रम में बुला लूँगा...

दृश्य : सात

(मंच पर अँधेरा है वॉयस ओवर शुरू होता है।)
—गाधी जी के इस फैसले में नवीन और सुषमा के बीच विभाजन रेखा खींच दी। एक—दूसरे पर जान झिड़कने वाले प्रेमियों को अलग कर दिया। नवीन ने कभी यह न सोचा था कि सुषमा इतनी दूर चली जायेगी। सुषमा और नवीन के सपने एक—दूसरे से टकरा रहे हैं। एक—दूसरे से सच्चा और गहन प्यार करने वालों की भावनाएँ कौन समझता है।
(धीरे—धीरे मंच पर प्रकाश आता है। पार्क के कोने में नवीन और सुषमा बैठे हैं। नवीन बहुत दुखी और उदास है।)

नवीन : *(उदासी से)* देखा तुमने, वही हुआ जिसका डर था...पता नहीं क्यों वे मुझे अपने साथ क्यों नहीं ले जाना चाहते...क्या समझते हैं...कि मैं बिल्कुल बेकार का आदमी हूँ...

सुषमा : नहीं...नहीं ऐसा क्यों समझेंगे...

नवीन : फिर क्या बात है...क्या समझ गये हैं...कि मैं तुमसे प्रेम करता हूँ।

सुषमा : समझ कैसे जायेंगे?

नवीन : देखो सुषमा...मैं सबकुछ सह सकता हूँ...सबकुछ वर्दाशत कर सकता हूँ...लेकिन तुम्हें खोना किसी भी क़ीमत पर गवारा नहीं है...सुनो सुषमा...तुम न जाओ...

सुषमा : ये आप क्या कह रहे हैं....

नवीन : हाँ तुम न जाओ...

सुषमा : मैं बचपन से ही बापू के सपने देखती आयीं हूँ...बाबू जी से उनकी महानता के किस्से सुन–सुन कर बड़ी हुई हूँ...

नवीन : तुम्हारे पिताजी जी...

सुषमा : आपको पता नहीं बाबू जी भारत छोड़ो आन्दोलन में गाँधी जी के साथ प्रदर्शन कर रहे थे...पुलिस लाठियाँ चला रही थीं...बाबू जी पूरी तरह घायल हो गये थे...घर पर उन्हें देखने बापू आये थे...मरने से पहले बाबू जी ने कहा था कि गाँधी जी भगवान का अवतार हैं...अगर मुझे उनके साथ देश सेवा करने का मौका मिलेगा...तो ये मेरा सौभाग्य होगा...मैं पिताजी की अन्तिम इच्छा पूरी कर रही हूँ।

नवीन : *(निराशा भरे स्वर में)* ठीक है सुषमा...तो तुमने अपना फैसला कर लिया है...

सुषमा : कैसा फैसला...

नवीन : मुझे छोड़ने का फैसला...

सुषमा : *(बहुत पीड़ा से)* मैं आपको छोड़ने की कल्पना भी नहीं कर सकतीं...आपको मैंने अपना सब कुछ दे दिया है...आपके अलावा मेरा है कौन?

दृश्य : आठ

(मंच पर अँधेरा, वॉयस ओवर शुरू होता है।)

–गाँधी अदालत में बयान देने नहीं गये बल्कि उन्होंने अदालत को लिखकर दे दिया कि उन्होंने गोडसे और उसके साथियों को माफ़ कर दिया है। इसका नतीजा ये निकला कि मुकदमा कमज़ोर पड़ गया। गोडसे के इक़बाल–ए–जुर्म के बावजूद अदालत ने गोडसे को पाँच साल और नाना आप्टे को तीन साल की सज़ा सुनाई। करकरे, शंकर किस्तैया, गोपाल गोडसे, सावरकर, डॉक्टर परचुरे और बाग़ड़े को रिहा कर दिया गया।

(धीरे–धीरे प्रकाश आता है। जेल में नाथूराम गोडसे ऊँची आवाज़ में गीता का पाठ कर रहा है।)

गोडसे : य एनं वेत्ति हन्तारं यश्चैनं मन्यते इतम्।
उभौ तौ न विजानीतो नायं हन्ति न हन्यते।।
न जायते म्रियते वा कदाचित्रयं
भूत्वा भविता वा न भूयः अजो नित्य...
(नाना आप्टे दूर से 'नाथूराम' चिल्लाता हुआ, हाथ में अख़बार लिए मंच पर आता है)

नाना आप्टे : नाथूराम...देखा तुमने...

गोडसे : क्या नाना...

नाना आप्टे : ये देखो...गाँधी ने कांग्रेस छोड़ दी...
(गोडसे और नाना आप्टे अख़बार देखते हैं।)

गोडसे : सब पाखण्ड है...गाँधी तो सदा झूठ बोलता ही रहा है...उसकी किसी बात पर विश्वास नहीं किया जा सकता।

नाना आप्टे : अख़बार में छपा है कि गाँधी...

गोडसे : *(बात काटकर)* मुझे तो इस बात पर बिल्कुल विश्वास नहीं है कि गाँधी ने कांग्रेस छोड़ दी है...

नाना आप्टे : अख़बार में इतनी बड़ी ख़बर वैसे तो नहीं छप सकती नाथूराम...कुछ–न–कुछ तो सच्चाई होगी...

गोडसे : हाँ...हो सकता है...लेकिन हमारी दृष्टि अपने उद्देश्य पर होनी चाहिए...

नाना आप्टे : हाँ वह तो है ही...पर गाँधी ने कर दिया कमाल...कांग्रेस छोड़कर...एक बड़ा वार किया है कांग्रेस पर...

गोडसे : कांग्रेस और गाँधी में कोई अन्तर नहीं है...कांग्रेस को वह अब भी उँगुलियों पर नचायेगा...

नाना आप्टे : ख़बर में तो यह भी लिखा है कि गाँधी ने दिल्ली छोड़ दी है और बिहार के किसी आदिवासी इलाके में एक नया आश्रम बनाने जा रहा है।

गोडसे : गाँधी तो पूरा पाखण्डी है...गाँधी ने कभी सच बोला है?...कहा करता था पाकिस्तान मेरी लाश

पर बनेगा...लेकिन देखा क्या हुआ...पाकिस्तान का 'पिता' जिन्ना नहीं, गाँधी है...हिन्दुओं का जितना अहित औरंगज़ेब ने न किया होगा, उससे ज़्यादा गाँधी ने किया है...पवित्र भूमि पर इस्लामी राष्ट्र का निर्माण उसकी ही नीतियों के कारण हुआ है।

(नाथूराम उठकर बेचैनी से टहलने लगता है। उसके चेहरे पर पीड़ा और क्रोध दिखायी पड़ता है। लगता है वह बहुत भावुक हो गया है। वह धीरे–धीरे पर बड़े ठहरे हुए ढंग से बोलता है।)

गोडसे : नाना, अपने को असहाय समझने, अपमानित होने और निष्क्रिय बौद्धिकता की एक सीमा है...जब मुझे लगा था कि एक आदमी है ...हमारे–तुम्हारे जैसा आदमी...वह इतना शक्तिशाली है कि जूरी भी वही है, जज भी वही है। मुकदमा दायर भी वही करता है, सुनता भी वही है और फैसला भी वही सुनाता है...और सारा देश उसका फैसला मान लेता है...और यह सब होता है हमारी क़ीमत पर... मतलब हिन्दुओं की क़ीमत पर...नाना, यह देश हमारा है...पवित्र मातृभूमि है...हमारी क़ीमत पर मुसलमानों को सिर पर चढ़ाना इतना बड़ा अपराध है जिसकी कल्पना नहीं की जा सकती ...गाँधी यही करता रहा है...शुरू से, खिलाफत आन्दोलन से लेकर पाकिस्तान बनने तक... यही वजह थी कि मुझे अपना जीवित रहना

अर्थहीन लगने लगा था...हिन्दुत्व के लिए, मातृभूमि के लिए, हजारों साल की संस्कृति के लिए क्या एक आदमी, मेरे जैसा तुच्छ आदमी, अपना बलिदान नहीं दे सकता? क्या पूरी हिन्दू जाति नपुंसक हो गयी है...गुरुजी ने जब कहा था कि गाँधी ने अपनी उम्र जी ली है तब मुझे लगा था कि यही समय है, यह निकल गया तो हम हमेशा हाथ मलते रह जायेंगे...यह मातृभूमि और हिन्दू जाति के लिए मेरी तुच्छ सेवा होगी जिसे कानूनी तौर पर चाहे अपराध माना जाये लेकिन ईमानदारी से इतिहास लिखने वालों के लिए यह एक स्वर्णिम अध्याय होगा...समझे तुम...

नाना आप्टे : तुम महान हो... नाथूराम...

गोडसे : ये बकवास है नाना...कोरी बकवास...मैं अपने उद्देश्य को पूरा न कर सका...तुम अनुमान लगा सकते हो कि मेरे मन में कैसी ज्वाला धधक रही है?

दृश्य : नौ

(मंच पर अँधेरा है। वॉयस ओवर शुरू होता है।)

–बिहार में रांची से पुरुलिया जाने वाली सड़क पर धमहो से 13 किलोमीटर दूर बेतिया जनजाति के संगरी गाँव में गाँधी ने आश्रम बनाया...

(धीरे–धीरे प्रकाश आता है। गाँधी तथा अन्य, आश्रम के लिए अलग–अलग तरह के काम करते दिखायी पड़ते हैं। मंच पर पात्रों का आना–जाना तथा गतिविधियाँ होती रहती हैं और उद्घोषणा चलती रहती है।)

दिल्ली में कांग्रेस के बड़े–बड़े नेता बापू को भूले नहीं हैं। उन्हें पता चलता रहता है कि बापू कहाँ हैं और क्या कर रहे हैं। उन्होंने बिहार के मुख्यमन्त्री श्री बाबू को निर्देश दे रखे हैं कि धुर आदिवासी गाँव में जहाँ पहुँचने के लिए 13 मील पैदल चलना पड़ता है, वहाँ बापू के लिए जो भी साधन जुटाए जा सकते हों, जुटाए जायें...इधर, आश्रम में गाँधी और उनके सहयोगी नगपुरिया बोली सीख रहे हैं...

गाँधी के आदेश से सबने वही कपड़े पहनने शुरू कर दिये हैं जो दूसरे आदिवासी पहनते हैं। गाँधी ने पहला काम ये बताया कि आश्रम वाले खेती–किसानी में गाँव वालों की मदद करें।

(उद्घोषणा के दौरान मंच पर सम्बन्धित गतिविधियाँ दिखायी देती रहती हैं। उद्घोषणा जारी रहती है।)

...सुषमा गाँव की दूसरी लड़कियों के साथ लकड़ी जमा करने जंगल चली जाती है...निर्मला पर रसोईघर की ज़िम्मेदारी है...प्यारेलाल अपनी ज़िम्मेदारी निभाते हैं...बावनदास गाँधीजी की मदद करता है...प्रार्थना सभा में आने वालों की संख्या बढ़ रही है...

(मंच पर प्रार्थना सभा हो रही है। सब भजन गा रहे हैं...)

...रघुपति राघव राजाराम...

(सभा में तीन अजनबी आकर बैठ जाते हैं। भजन खत्म होता है तो एक अजनबी गाँधी जी के पास आता है।)

रमानाथ : *(नमस्ते करता है)*...महात्मा जी मेरा नाम रमानाथ है, मैं इस ज़िले का डिप्टी कमिश्नर हूँ...

गाँधी : बैठिए...और आप लोग?

रमानाथ : जी...ये...ज़िले के इंजीनियर हैं...और आप ज़िले के एसपी हैं।

गाँधी : बैठिए...बताइए...क्या बात है...

रमानाथ : शासन का आदेश है...

गाँधी : *(बात काटकर)*...अगर आदेश है तो मेरे पास क्यों आ गये...जो आदेश है वैसा करना चाहिए...

रमानाथ : आदेश ये है कि आपकी सहमति से...

गाँधी : *(बात काटकर)*...क्या किया जाये?

रमानाथ : सबसे पहले तो गाँव में दो हैंड पम्प लगाने की योजना है।

गाँधी : ये हैंड पम्प क्या होता है?

रमानाथ : जी...? मतलब...

गाँधी : हैंड पम्प क्या होता है?...कैसे काम करता है?...उसमें क्या खराबी हो सकती है?...उसकी देखभाल कैसे की जायेगी...ये सब आप पहले गाँव वालों को बताओ...और उसके बाद हैंड पम्प लगाओ...

रमानाथ : सर, हम लोग उनकी भाषा नहीं जानते।

गाँधी : भाषा नहीं...जानते...तो सीख लो...

रमानाथ : जी?

गाँधी : हाँ...बिना भाषा जाने इनका विकास कैसे करोगे?

रमानाथ : जी...हाँ...ठीक कहते हैं...शासन यह भी चाहता है कि यहाँ तक टेलीफोन लाइन डाल दी जाये...

गाँधी : क्यों?...

रमानाथ : जी...जी...मतलब...बातचीत करने में 'इज़ी' हो जायेगा...

गाँधी : मैं यहाँ टेलीफोन पर बातचीत करने तो आया नहीं हूँ...जिसे मुझसे बातचीत करनी हो...यहाँ आकर करे...और फिर...सिर्फ़ मेरे लिए शासन इतना पैसा क्यों खर्च करना चाहता है?

रमनाथ : *(नौट्स लेते जाते हैं)*...महात्मा जी...यहाँ...इस गाँव में पुलिस चौकी...

गाँधी : *(बात काटकर)* पुलिस चौकी? क्यों? किसलिए?

रमानाथ : हिफाज़त...सुरक्षा के लिए...

गाँधी : किसकी सुरक्षा?

रमानाथ : ज...ज...जी...आपकी...

गाँधी : मेरी सुरक्षा?...क्या मज़ाक है...मुझे यहाँ कोई ख़तरा नहीं है...

रमानाथ : जी...मतलब...अच्छा रहेगा...पुलिस गाँव में...

गाँधी : गाँव में, गाँव वालों की अपनी पुलिस है...

रमानाथ : अपनी पुलिस?

गाँधी : हाँ...इन्होंने मिल–जूल कर अपनी पूरी सुरक्षा का इन्तज़ाम कर लिया है...इनके अपने सिपाही हैं जो पैहरा देते हैं...इन लोगों ने मिल–जलकर अदालतें भी बना ली हैं...जहाँ मिल–बैठ कर न्याय किया जाता है...

रमानाथ : *(बहुत आश्चर्य से)* जी अदालतें...

गाँधी : हाँ इसमें हैरानी की क्या बात है...इनकी अपनी अदालतें हैं...

रमानाथ : मतलब सरकारी अदालतें?

गाँधी : इन्हें सरकारी अदालतों की ज़रूरत नहीं है... अपनी समस्याएँ अपने आप हल कर लेते हैं...

रमानाथ : पर इनकी अदालतों के फैसले तो...मान्य नहीं होंगे...

गाँधी : आप इनकी अदालतों के फैसले मानें चाहे न मानें ये तो मानते हैं।

रमानाथ : जी...ये कैसे?

गाँधी : तुम्हें ये सब समझाने का समय नहीं है मेरे पास...अब जाओ।

रमानाथ : एक और बात करनी है महात्मा जी...

गाँधी : हाँ...बताओ...

रमानाथ : *(एक चपरासी से)* थैले इधर लाओ...

(चपरासी दो बड़े–बड़े थैले सामने लाता है। रमानाथ के इशारे पर गाँधी जी के सामने रख दिये जाते हैं।)

रमानाथ : ये आपकी डाक है...चिट्ठियाँ हैं...जो पूरे देश के डाकखानों से यहाँ रि–डायरेक्ट कर दी गयी हैं।

गाँधी : धन्यवाद...चिट्ठियाँ लाने के लिए...

रमानाथ : नियरेस्ट पोस्ट ऑफिस यहाँ से 20 मील दूर है। अब वहाँ से 'वीक' में एक बार आपके पास डाक आया करेगी...

गाँधी : बहुत अच्छा...

रमानाथ : और किसी चीज़ की ज़रूरत...?

गाँधी : नहीं...यहाँ सब कुछ है...नमस्ते।

(तीनों अधिकारी और चपरासी चले जाते हैं। गाँधीजी चिट्ठियों का बैग खोल लेते हैं। उन्हें एक रंगीन लिफाफादिखायी पड़ता है। उसे उठाकर पढ़ते हैं।)

गाँधी : सुषमा, केयर ऑफ़ महात्मा गाँधी, रांची, बिहार।

(लिफाफा खोलते हैं। लाल रंग के काग़ज़ का ख़त है। गाँधी उसे पढ़ते हैं।)

गाँधी : *(चिट्ठी पढ़ते हैं)*...मेरी जान से प्यारी सुषमा, तुम्हें हजारों...प्यार...तुम्हारे चले जाने के बाद कई दिन तक तो मैं होश में ही नहीं रहा...अब लगता है कि हमारे प्रेम के बीच महात्मा जी आ गये हैं...

(गाँधी की आवाज़ भारी होती है और चिट्ठी पढ़ना बन्द कर देते हैं।)

गाँधी : *(आवाज़ देते हैं)* सुषमा...सुषमा।

(सुषमा आती है)

गाँधी : सुषमा...तुम अपना सामान बाँधो और आश्रम से चली जाओ...

सुषमा : *(घबराकर)* क्यों...क्यों बापू क्यों?

गाँधी : तुमने आश्रम का अनुशासन भंग किया है... लगता है ये मेरे ही पाप हैं जो मेरे सामने आ रहे हैं...यहाँ ब्रह्मचर्य पालन करने के लिए भगीरथ प्रयास किये जा रहे हैं...यहाँ गन्दगी, सड़न...कुविचार...काम के लिए लालसा...मैं इतनी गन्दगी में नहीं जी सकता...न मैं दूसरों

को इस नरक में रखना चाहता हूँ...तुमने मर्यादा को भंग किया है...लो इस चिट्ठी को पढ़ो...
(सुषमा चिट्ठी देखती है लेकिन पढ़ती नहीं है।)

गाँधी : पढ़ो...पढ़ती क्यों नहीं...छिपाना पाप है...पढ़ो।
(सुषमा चिट्ठी नहीं पढ़ती है)

गाँधी : मैं तो कल्पना भी नहीं कर सकता कि तुम्हारे मन में इतना विकार होगा...तुमने मुझे बहुत दुःख पहुँचाया है...मेरे लिए तुम्हारे मन में कोई आस्था नहीं है...

सुषमा : मैं प्रायश्चित करने के लिए तैयार हूँ बापू।

गाँधी : तैयार हो...

सुषमा : जी।

गाँधी : ह्रदय से नवीन को अपना भाई या पिता मान सकती हो?

सुषमा : (रोते हुए) ये क्या है बापू...

गाँधी : तुम्हारे मन में काम की ज्वाला जल रही है...तुम आश्रम में रहने योग्य नहीं हो...तुम्हारे मन में पाप है...

सुषमा : नहीं...बापू नहीं...एक मौका मुझे दीजिए बापू... एक मौका...

गाँधी : चलो ठीक है, पाप की दौड़ लम्बी नहीं होती। मैं कल से ही सात दिन उपवास करूँगा।

दृश्य : दस

(मंच पर अँधेरा है। वॉयस ओवर शुरू होता है।)

–पुणे के समाचार पत्र 'हिन्दू भारत' ने नाथूराम गोडसे को हिन्दू हृदय सम्राट की उपाधि दी है। हिन्दू महासभा के वार्षिक अधिवेशन में नाथूराम कल्याण कोष बनाने की योजना पारित हुई है। जेल के बाहर गोडसे से मिलने वालों की भीड़ लगी रहती है।...गोडसे के प्रशंसक लगातार पत्र भेजते रहते हैं। कई शहरों की हिन्दू जनता ने गोडसे को प्रशस्ति–पत्र भी भेजे हैं। गोडसे हिन्दुत्व का प्रतीक बन गया है।

(धीरे–धीरे मंच पर रोशनी होती है। गोडसे और नाना आप्टे अख़बार पढ़ रहे हैं।)

नाना आप्टे : ये गाँधी क्या कर रहा है, समझ में नहीं आता...

गोडसे : क्या कर रहा है गाँधी...

नाना आप्टे : इतनी बड़ी परियोजना का विरोध कर रहा है।

गोडसे : कौन–सी परियोजना...

नाना आप्टे : देखो छपा है कि सरकार लोहे का एक बड़ा कारखाना लगाना चाहती है...गाँधी इसका विरोध कर रहा है।

गोडसे : क्यों विरोध कर रहा है...

नाना आप्टे : कह रहा है कि इससे जंगल उजड़ जायेंगे... आदिवासी कहाँ जायेंगे...और फिर इसकी कोई ज़रूरत भी नहीं है।

गोडसे : पता नहीं...क्या सच है क्या नहीं...

नाना आप्टे : इससे पहले तो ये भी छपा था कि गाँधी ने बिहार सरकार से अपील की है कि उस इलाके में अदालतें और पुलिस चौकियाँ बन्द कर दी जायें...पुलिस और पटवारी को न भेजा जाये ...जहाँ लोगों ने ग्राम स्वराज बना लिया है...

गोडसे : ये कैसा स्वराज है। *(लापरवाही से)* बिहार सरकार का क्या कहना है।

नाना आप्टे : अभी तक बिहार सरकार की तरफ से कोई बात नहीं कही गयी है।

गोडसे : ये सब मज़ाक है नाना...गाँधी ने हर काम इसी तरह किया है।

नाना आप्टे : लेकिन यह तो सरकार से टकराने वाली बात हो गयी है।

गोडसे : *(हँस कर)* किस हवा में हो आप नाना...गाँधी के चेले...गाँधी से लड़ेंगे...

नाना आप्टे : बात तो कुछ है ही...

गोडसे : तुम भ्रम में हो नाना...सच्चाई कुछ और है...
(जेलर कुछ चिट्ठियाँ और एक पैकेट लिए मंच पर आता है।)

जेलर : *(गोडसे को चिट्ठियाँ देते हुए)*...तुम्हारी डाक है...बढ़ती ही जा रही है...लो ये पैकेट सभालो...
(चिट्ठियाँ और पैकेट देकर जेलर चला जाता है।)

गोडसे : *(पैकेट नाना आप्टे को देते हुए)* लो...खोल कर देख लो।
(नाना आप्टे पैकेट खोल कर देखता है।)

नाना आप्टे : अरे ये तो स्वेटर है...ये पत्र भी है...देखो...
(नाना आप्टे पत्र गोडसे को दे देता है।)

गोडसे : *(पढ़ता है)*...परम् पूजनीय हिन्दू हृदय सम्राट महामना श्री नाथूराम गोडसे जी...
(रुक जाता है।)

नाना आप्टे : पढ़ो—पढ़ो, क्या लिखा है?

गोडसे : लो, तुम ही पढ़ो।

नाना आप्टे : परम् पूजनीय हिन्दू हृदय सम्राट महामना श्री नाथूराम गोडसे जी...शहर की समस्त हिन्दू स्त्रियों की ओर से चरण स्पर्श करने के बाद निवेदन है कि जाड़े आ रहे हैं और सर्दी से बचने के लिए हमारी छोटी सी भेंट स्वीकार करें *(पत्र पढ़ना बन्द कर देता है)*...कमाल है गोडसे, तुम्हारी लोकप्रियता आकाश छू रही है।

गोडसे : यह मेरी लोकप्रियता नहीं है नाना...यह मेरे आदर्शों की लोकप्रियता है...

नाना आप्टे : नाथूराम, तुम जब अदालत में बयान दिया करते थे तो मैंने लोगों की आँखों से टप–टप आँसू बहते देखे हैं। लोग इतना प्रभावित और द्रवित हो जाते थे कि रोते थे...

गोडसे : इसमें आश्चर्य की कोई बात नहीं नाना...मैं अपने को सौभाग्यशाली समझता हूँ...मेरे पास कॉलिज क्या, स्कूल तक का कोई प्रमाण–पत्र नहीं है ...लेकिन मुझसे श्रद्धा करने वाले हज़ारों–लाखों हैं...क्योंकि हिन्दुओं की रक्षा ही मेरा जीवन है।

नाना आप्टे : वार्डर बता रहा था कि नौजवान तुम्हारी एक झलक पाने के लिए जेल के चक्कर लगाया करते हैं।

गोडसे : गुरुजी का आशीर्वाद है...यह उनका ही दिखाया हुआ रास्ता है। उन्होंने साफ़ शब्दों में मुझसे कहा था कि हिन्दू हितों की उपेक्षा करने वाला देश का शत्रु है और शत्रु को मित्र नहीं मानना चाहिए...पर दुःख है कि मैं अपना काम पूरा नहीं कर सका।

नाना आप्टे : नाथूराम...दुःख मत करो...भगवान तुम्हें अवसर देगा...न्याय होकर रहेगा...

गोडसे : गाँधी भारत विभाजन का अपराधी है और भारत विभाजन को तुम क्या समझते हो नाना...यह हमारे धर्म, इतिहास और आस्था का विभाजन है...और सुनो विभाजन के बाद असंख्य हिन्दुओं की हत्या करने और बाक़ी हिन्दुओं को पाकिस्तान से भगाने वाले मुसलमानों से गाँधी की सरकार ने कहा–आप लौट आइए

...हमारा देश धर्म निरपेक्ष है, आप कैसा भी व्यवहार क्यों न करें, हम तो आपसे भला ही व्यवहार करेंगे...आपको मारने के लिए कोई हाथ उठाएगा तो उनका पूरा नाश करने के लिए हमने सेना को तैयार कर लिया है...हमारी बन्दूक आपके ऊपर कभी नहीं तनेगी क्योंकि उसमें हिंसा होने का भय है...

नाना आप्टे : इसी को गुरुजी मुस्लिम तुष्टिकरण कहते हैं...

गोडसे : हाँ...बिल्कुल ठीक कहते हो...लेकिन इतिहास का चक्र घूम चुका है।

दृश्य : ग्यारह

(मंच पर अँधेरा है। वॉयस ओवर शुरू होता है।)
—प्रयोग आश्रम में सुलगाई गयी चिंगारी ने आसपास के 25 गाँवों को अपनी लपेट में ले लिया। पहली बार लोगों ने अपने को पहचाना...पहली बार अपनी ताक़त पर विश्वास किया...पहली बार अपने लिए लक्ष्य बनाये और उन्हें पूरा किया...पहली बार किसी दूसरी व्यवस्था से सुरक्षा, न्याय और सहायता की माँग नहीं की...ये सत्ता के लिए कोई छोटी चुनौती न थी...गाँवों के पटवारियों, चौकीदारों से होती—हुवाती यह बात ज़िले, कमिशनरी और राज्य सरकार से सीधे दिल्ली पहुँची और स्वतन्त्र भारत की राजधानी में इस पर विचार हुआ कि देश में एक ऐसा हिस्सा है जो सरकार से कुछ नहीं माँगता। यह बहुत ही खतरनाक माना गया...भारत सरकार के मंत्रिमण्डल और कांग्रेस की वर्किंग कमेटी ने यह निर्णय किया कि महात्मा गाँधी से तुरन्त बोतचीत करने की ज़रूरत है...महात्मा से बातचीत करने के

लिए जवाहरलाल नेहरू और मौलाना आज़ाद प्रयोग आश्रम पहुँचे...

(मंच पर गाँधी जी के सामने जवाहरलाल नेहरू और मौलाना आज़ाद बैठे हैं। तीनों गहरी सोच में डूबे हुए लगते हैं। ऐसा लगता है काफ़ी बातचीत हो चुकी है।)

गाँधी : ऐसा मैं जानता हूँ...तुम लोगों के लिए कठिन समय है...

नेहरू : बापू हम लोगों ने तो कभी यह सोचा भी न था कि ऐसा हो जायेगा।

गाँधी : और मैं सोचता था कि ऐसा ही होगा...

मौलाना : उसकी क्या वजह थी महात्मा जी...

गाँधी : तुम्हें अंग्रेज़ों ने सत्ता दी थी...सत्ता को बनाये रखने के जो साधन होते हैं...जैसे कानून, मजिस्ट्रेट, पुलिस, अदालतें, थाना–कचहरी वह भी सब दिया था...

नेहरू : *(थोड़ा उत्तेजित होकर)* बापू...पलक झपकते में कुछ नहीं हो सकता या...हमारे सामने और रास्ता भी क्या था...हम नहीं चाहते थे कि अराजकता फैल जाये...लोग ये कहें कि अंग्रेज़ों के जाने के बाद ये कैसी आज़ादी आयी जहाँ कोई 'लॉ एण्ड ऑडर' नहीं है।

गाँधी : हाँ जवाहर ठीक कह रहे हैं...सरकार चलाने के लिए व्यवस्था ज़रूरी है...लेकिन अंग्रेज़ों की दी हुई व्यवस्था नहीं।

नेहरू : और कोई रास्ता नहीं था बापू...

गाँधी : रास्ता था वही था जो मैं कर रहा हूँ...मतलब स्वराज।

नेहरू : यहाँ जो कुछ हो रहा है वह मेरी समझ में नहीं आ रहा है...बापू क्या कोई सरकार चाहेगी कि उसके बराबर कोई दूसरी सरकार चलती रहे...ऐसा होगा तो अजीब 'सिचुवेशन' पैदा हो जायेगी।

मौलाना : एक सरकार कुछ कहेगी और दूसरी सरकार कुछ और कहेगी...

गाँधी : दोनों सरकारें अगर देश और जनता की सेवा में लगी हैं तो वे अलग–अलग बातें क्यों करेंगी...

नेहरू : आपके स्वराज ने तो यही कर दिया है बापू ...इन तमाम ज़िलों में न तो भारत सरकार का कानून है न अदालतें हैं, न पुलिस है, न एडमिनिस्ट्रेशन है, न विकास ये सब क्या है।

गाँधी : यह बहुत चिन्ता करने की बात नहीं है जवाहर ...लोगों को उनकी मर्जी से चलने दो...

नेहरू : हर आदमी अपनी मर्जी से चलेगा...तो कोई कहीं नहीं पहुँच पायेगा...

गाँधी : जवाहर समस्या ये है कि तुम लोग आदमी पर कम विश्वास करते हो...और मैं अधिक विश्वास करता हूँ...

मौलाना : एक मज़बूत और कारगर सरकार बनाने के लिए यह ज़रूरी है महात्मा जी कि उसकी पालिसी पूरे मुल्क में लागू की जाये।

गाँधी : ठीक कहते हैं मौलाना...पर शर्त यह है कि वह पालिसी लोग बनाये...आवाम बनाये...आप लोग न बनाये।

नेहरू : बापू आज मुल्क को बिजली की ज़रूरत है... लोहे की ज़रूरत है...बड़े–बड़े डैम बनाने का मसला है।

गाँधी : जवाहर...बिजली और लोहा तुम किसे देना चाहते हो...हिन्दुस्तान छोटे–छोटे किसानों का देश है...खेतिहर मजदूरों का देश है...उन्हें अपना विकास करने दो...

नेहरू : पंच वर्षीय योजनाएँ सबके लिए होंगी...लेकिन अगर यही हालत रही कि आपके स्वराज के लोग सरकारी लोगों को उनका काम करने से रोकते रहे तो कुछ न होगा...बापू मजिस्ट्रेट अदालतों में नहीं जा पा रहे हैं...फॉरेस्ट ऑफिसरों को जंगल में जाने से रोका जा रहा है...आप तो अच्छी तरह जानते हैं कि इन लोगों पर आई.पी.सी. की धारा सेक्शन 320, 332 और 354 के तहत मुकदमे चलाये जा सकते हैं।

गाँधी : जवाहर इनमें से कौन–सी धारा तुम लोगों ने बनायी है...क्या अंग्रेज़ों की बनाये कानून के अनुसार तुम इन लोगों पर मुकदमे चलाओगे? *(नेहरू सिर झुकाकर नीचे देखने लगते हैं। बावनदास मंच पर आता है।)*

गाँधी : *(बावनदास को देखकर)* देखो हमारे स्वराज का प्रधानमन्त्री आ गया...क्यों प्रधानमन्त्री जी आपके मन्त्री क्या कर रहे हैं।

बावनदास : अभी सब कुआँ खोद रहा है...पच्चास गाँवों में सौ कुआँ खोदने का है।

गाँधी : बावनदास इन्हें पहचानते हो...

बावनदास : बापू इन्हें कौन नहीं जानता...जवाहरलाल जी हैं।

(बावनदास झुककर नेहरू के पैर छूना चाहता है।)

गाँधी : *(बावन को रुकने का इशारा करते हुए)* ये भारत के प्रधानमन्त्री हैं...और तुम ग्राम स्वराज के प्रधानमन्त्री हो...जब दो प्रधानमन्त्री मिलते हैं तो हाथ मिलाते हैं...

(नेहरू सिर झुका लेते हैं और बावनदास घबराकर इधर–उधर देखने लगता है।)

दृश्य : बारह

(मंच पर अँधेरा है...धीरे–धीरे प्रकाश आता है। आश्रम के पीछे का जंगल दिखायी पड़ता है।)

–सुषमा ने गाँधी जी से माफ़ी तो माँग ली थी लेकिन इश्क़ के तूफान को रोकना तो हथेली पर सरसों जमाने जैसा है। सुषमा रात–दिन नवीन की याद में तड़पने लगी और एक दिन उसने अपना दिल लिफाफे में बन्द करके नवीन को भेज दिया...अब चिट्ठियाँ आश्रम के पते पर नहीं...बल्कि किसी और पते पर आती–जाती थीं...और फिर एक दिन अपने माथे पर डाक टिकट चिपका कर नवीन प्रयोग आश्रम के पीछे वाले जंगल में पहुँच गया।

(नवीन झाड़ियों और पेड़ों के बीच से चुपचाप, लुकता–छिपता आगे बढ़ रहा है। कहीं रुककर आहट लेने लगता है और कहीं जल्दी आगे बढ़ जाता है। उसे सुषमा की धुंधली–सी छाया दिखायी पड़ती है। वह उधर बढ़ता है।)

(बैकग्राउण्ड में किसी प्रेम गीत का गायन शुरू होता है।)

(नवीन और सुषमा एक–दूसरे के सामने आ जाते हैं और गले लग जाते हैं। सुषमा लगातार रोती है। नवीन उसे थपथपाता है। कुछ क्षण बाद दोनों अलग होते हैं।)
(गायन खत्म होता है।)

नवीन : यह बर्दाश्त से बाहर हो गया है सुषमा...

सुषमा : मैं क्या करूँ नवीन, उलझन से मेरा दम निकला जाता है...

नवीन : सुषमा...तुम जो कहो...जो करो...सब ठीक है... लेकिन किसी तरह से बापू को समझाओ कि...
(पीछे से गाँधी आ जाते हैं और इन दोनों की बातचीत सुनने लगते हैं। ये लोग गाँधी को नहीं देख पाते।)

सुषमा : बापू को पता चल गया है कि हम एक–दूसरे से प्यार करते हैं...

नवीन : अरे, तो कौन सा पाप या जुर्म है...

सुषमा : बापू आदमी और औरत के प्रेम को विकार मानते हैं, पाप मानते हैं...वासना मानते हैं।

नवीन : ये तो कोई बात न हुई। दुनिया में आज तक जिन लोगों ने प्यार किया है क्या उन सबके सम्बन्ध वासना, विकार और पाप थे? ये कैसे हो सकता है सुषमा...

सुषमा : मैं क्या करूँ...कुछ समझमें नहीं आता...
(गाँधी पीछे से निकल आते हैं।)

नवीन : मैं समझा देता हूँ तुझे...सुषमा...तू आश्रम से चली जा...वही कर जो नवीन कह रहा है...

संयम से रहना तेरे बस की बात नहीं है...तेरी आँखों पर वासना की काली पट्टी चढ़ी है। *(सुषमा रोने लगती है। नवीन आश्चर्य और गुस्से से गाँधी को देखता है।)*

गाँधी : सुषमा, तू यह जानती है कि मैं ब्रह्मचर्य का उपासक हूँ...उसके बाद भी...तू अपने बिस्तर में साँप देख कर खामोश रही और तूने...

नवीन : *(बात काटकर, गुस्से में)*...महात्मा जी...जो आप नहीं कर सके, उसकी तालीम दूसरों को क्यों दे रहे हैं।

गाँधी : तुमसे तो मैं बात भी नहीं करना चाहता...तुम मेरे लिए बाहर से आये 'चोर' के समान हो। *(बापू–बापू की आवाज़ लगाता, हाथ में लालटेन लिए बावनदास आता दिखायी पड़ता है। उसके पीछे निर्मला भी हैं। ये लोग गाँधी के पास पहुँचते हैं।)*

बावनदास : हम तो सारे में आपको खोज रहा था...ऐसे रात में यहाँ काहे आ गये? *(गाँधी ख़ामोश रहते हैं। निर्मला नवीन को देखती हैं।)*

निर्मला : अरे तू कब आया रे...यहाँ क्यों खड़ा है? *(नवीन कुछ नहीं बोलता।)*

गाँधी : *(नवीन से)*...बहुत मजबूरी में ही मैंने तुम्हारे लिए चोर जैसा भारी शब्द बोला है...मैं मजबूर हूँ...मेरे सिद्धान्त, मेरा जीवन है।...*(निर्मला से)* ...यह सुषमा से मिलने आया है...

निर्मला : सुषमा से मिलने तो यह हमारे घर भी आता था...

गाँधी : स्त्री और पुरुष को एकान्त में नहीं मिलना चाहिए।

निर्मला : क्यों?

गाँधी : विकार सबके मन में होता है।

निर्मला : अरे, मैं तुझसे मिलती हूँ तो क्या मेरे या तेरे मन में विकार है...पाप है?

गाँधी : नहीं...पर छिपकर मिलने में है...ये दोनों छिपकर ही मिल रहे थे।

निर्मला : अरे, तो जब खुले में न मिलने दिया जायेगा तो छिपकर ही मिलेंगे।

गाँधी : नियमों–सिद्धान्तों को छोड़ कर जीवन जीना आदमी को शोभा नहीं देता। औरत और मर्द का जन्म ब्रह्मचर्य पालन करते हुए परमात्मा में मिल जाना है।

निर्मला : अरे बापू, तू एक बात बता, सभी साधू–सन्त हो जावेंगे तो संसार कैसे चलेगा?

गाँधी : संसार चलाने के लिए, परमात्मा के काम में दख़ल देना...हमारा काम नहीं है।

नवीन : बापू, हम़ लोग एक दूसरे से प्रेम करते हैं...

गाँधी : प्रेम वासना के अलावा कुछ नहीं है और अगर है तो उसमें त्याग और आध्यात्मिकता दिखायी देनी चाहिए...तुम्हारा प्रेम, मुझे सच्चा प्रेम नहीं लगता...प्रेम में 'छिपाव' का भाव, उसे वासना और भोग के करीब ले जाता है।

निर्मला : अरे महात्मा, मेरी बात सुन...ये दोनों शादी करना चाहते हैं...कर लेने दे...

गाँधी : विवाह भोग के लिए नहीं, संयम के लिए है। ब्रह्मचर्य ही आदर्श विवाह है। लड़कियों के लिए आदर्श अखण्ड ब्रह्मचर्य होना चाहिए...उसी में आदर्श विवाह समाया हुआ है।

निर्मला : महात्मा हो के तू कैसी बातें कर रहा है...उल्टी गंगा बहा रहा है। शादी के बाद भी ब्रह्मचारी बने रहना है...तो शादी काहे को करेंगे...

नवीन : बापू...क्या आप मुझे आश्रम में रहने की अनुमति दे सकते हैं...

गाँधी : नहीं।

नवीन : किसी शर्त पर नहीं?

गाँधी : एक शर्त पर दे सकता हूँ...

नवीन : मुझे आपकी हर शर्त मंजूर है...

गाँधी : तुम्हें सुषमा को अपनी सगी बहन मानना होगा ...वो तुम्हें अपना सगा भाई स्वीकार करे...तुम दोनों एकांत में नहीं मिलोगे...बात नहीं करोगे ...किसी तरह का कोई इशारा नहीं होगा...कोई चिट्ठी–पत्री नहीं...

नवीन : आप यह जानते हुए ऐसा कह रहे हैं कि हम दोनों एक–दूसरे से प्रेम करते हैं।

गाँधी : संयम के बिना मनुष्य पशु है...मैं दृढ़ता से अपनी बात पर टिका हुआ हूँ।

नवीन : ठीक है बापू, मैं जा रहा हूँ...देवदास और लक्ष्मी को आपका आशीर्वाद मिल सकता है,

मुझे नहीं...क्योंकि देवदास आपका पुत्र है...मैं नहीं...मैं जा रहा हूँ...

(नवीन जाने लगता है।)

गाँधी : ठहरो...अपने प्रश्न का उत्तर सुनते जाओ...मैं यह नहीं चाहता कि 'प्रयोग आश्रम' से कोई असन्तुष्ट जाये...देवदास और लक्ष्मी ने प्रेम के लिए त्याग किया था...बोलो तुम कर सकते हो...पाँच साल प्रतीक्षा कर सकते हो...पाँच साल...

नवीन : पाँच साल नहीं...पचास साल...तक प्रतीक्षा कर सकता हूँ...अब मैं सुषमा से उसी समय मिलूँगा, जब आप बुलाएँगे...

(तेजी से बाहर निकल जाता है। सुषमा फूट–फूट कर रोने लगती है।)

दृश्य : तेरह

(मंच पर अँधेरा है। वॉयस ओवर शुरू होता है।)

—देखते—ही—देखते ग्राम स्वराज ने जंगल की आग जैसा रूप धारण कर लिया। जल, जंगल और ज़मीन पर लोगों ने अपना पूरा अधिकार जमा लिया। लगने लगा कि एक बड़ा देशव्यापी आन्दोलन खड़ा हो जायेगा। विरोधी दल सरकार को चुनौतियाँ देने लगे। कहा जाने लगा कि देश में दो सरकारें चल रही है। एक नेहरू की सरकार है और दूसरी गाँधी की सरकार है। ऐसे कठिन हालात में सरकार के लिए कोई कड़ा और कठोर निर्णय लेने के अलावा कोई दूसरा रास्ता न था। राजधानी के गलियारों में यह ख़बर तेजी से गश्त करने लगी कि कोई ऐतिहासिक फैसला किया जा सकता है। गाँधी एक बार फिर राष्ट्रीय राजनीति के केन्द्र में आ गये थे। लेकिन इस बार उनकी भूमिका कुछ अलग थी। पत्रकार दसियों बाधाओं को दूर करते और सैंकड़ों कष्ट उठाते गाँधी जी तक पहुँच गये।

(वॉयस ओवर समाप्त होता है। मंच पर रोशनी आती है। गाँधी चरखा कात रहे हैं। उनकी प्रेस कांफ्रेंस हो रही है।)

रिपोर्टर–1 : महात्मा जी क्या आप नहीं मानते कि जो आप कर रहे हैं, वो देशद्रोह है?

गाँधी : देश की ज़मीन देशवासियों की है। देश का पानी देशवासियों का है। देश के जंगल देशवासियों के हैं। इसमें देशद्रोह कैसा?

रिपोर्टर–2 : कहा जा रहा है कि आप देश के कानून को नहीं मान रहे है?

गाँधी : ...कानून लोगों के लिए होता है...लोग कानून के लिए नहीं होते।

रिपोर्टर–3 : क्या आपका ये कहना है कि कानून जनहित में नहीं है?

गाँधी : ...कानून बनाने वाले नहीं, पर जनता अपना हित अच्छी तरह समझती है।

रिपोर्टर–4 : राजधानी में यह अफ़वाह है कि शायद, आपको गिरफ़्तार कर लिया जायेगा...आपका क्या सोचना है?

गाँधी : मैंने इस पर कभी नहीं सोचा...क्योंकि कभी किसी को गिरफ्तार किया ही नहीं जा सकता।

रिपोर्टर–1 : आपने कहा कि जल, जंगल, ज़मीन पर जनता का उतना ही अधिकार होना चाहिए, जितना अपनी जीभ पर है...इसका क्या मतलब है?

गाँधी : हाँ...जैसे जीभ सबकी अपनी होती है...उस पर किसी और का अधिकार नहीं होता...वैसे ही जल, जंगल, ज़मीन पर भी लोगों का अधिकार होना चाहिए...इतना ही...सोचने की बात है... ज़्यादा–कम नहीं।

रिपोर्टर–1 : महात्मा जी कुल मिलाकर आप कहना क्या चाहते हैं?

गाँधी : मेरे कहने का निचोड़ यह है कि मनुष्य–जीवन के लिए जितनी ज़रूरत की चीज़ें हैं...उस पर निजी काबू रहना ही चाहिए...अगर न रहे तो आदमी बच ही नहीं सकता...आख़िर तो संसार आदमियों से ही बना है...बूंद न रहेगी तो समुद्र भी न रहेगा...धन्यवाद...आप लोग जा सकते हैं...
(रिपोर्टर चले जाते हैं।)

गाँधी : प्यारेलाल, क्या तुमने आश्रम के लोगों का बता दिया है कि हालात कुछ कठिन हो गये हैं?

प्यारेलाल : नहीं...मैंने नहीं बताया...आप ही बता दे...सब आपके पास आ रहे हैं।
(मंच पर निर्मला, सुषमा और बावनदास आ जाते हैं।)

गाँधी : देखो मुझे किसी भी वक़्त गिरफ़्तार किया जा सकता है...

निर्मला : ऐं, क्या कह रहे हो बाबा...काहे को तुम्हें गिरफ्तार किया जायेगा...क्या तूने डाका मारा है या चोरी की है...

सुषमा : माँ तुम चुप रहो...

निर्मला : लो, चुप क्यों रहूँ...इसे *(गाँधी को)* गिरफ्तार करके कोई क्या पावेगा।

वावनदास : ये राजनीति है निर्मला जी...आप कुछ मत बोलो...

निर्मला : तू जाने क्या कहता रहता है...तेरी बात तो मेरी समझ में आती न...

बावनदास : फिर आप हमें तू–तू कह कर बुलाते हो...हम कितनी बार कहा कि यह 'हिंसा'...

निर्मला : अरे चल हट, काहे की हिंसा है?

गाँधी : *(हाथ उठा कर चुप कराते हैं)*...मुझे लगता है कि मैं गिरफ्तार कर लिया जाऊँगा...तुम लोग प्यारेलाल के साथ वर्धा आश्रम चले जाना...मैं नहीं चाहता मेरे साथ तुम लोग भी जेल जाओ...

सुषमा : ये कैसे हो सकता है बापू...आप जेल जायेंगे तो मैं भी जेल जाऊँगी...

निर्मला : जब बाबा जायेगा और तू जायेगी तो मैं भी जावांगी।

बावनदास : हम तो कसम लिया है...सत–अहिंसा करेगा... बाबा के साथ रहेगा...

गाँधी : ये तुम लोगों की मर्जी है...जाओ...
(सब जाने लगते हैं। गाँधी सुषमा को इशारे से रुकने के लिए कहते हैं। गाँधी के पास अकेली सुषमा रह जाती है।)

गाँधी : सुषमा...तू मुझसे नाराज़ तो नहीं है?
(सुषमा फूट–फूट कर रोने लगती है।)

दृश्य : चौदह

(मंच पर अँधेरा है। वॉयस ओवर शुरू होता है।)
—दो हज़ार पन्नों की फाइल बिहार सरकार के सैकड़ों दफ्तरों का चक्कर लगाती, होम मिनिस्ट्री और लॉ मिनिस्ट्री के गलियारों से गुज़रती, पी.एम. सेक्रेटेरियट पहुँची है। रिपोर्टों, गवाहों के बयानों, साक्ष्यों के बाद कानून के सैकड़ों हवालों, आई.पी.सी. की धाराओं, अफसरों और मन्त्रियों को 'कमेंट्स' से भरी–पूरी इस फाइल में बिहार सरकार ने सेन्ट्रल गवर्नमेंट से इजाजत माँगी है कि क्या श्री मोहनदास करमचन्द गाँधी, पुत्र करमचन्द गाँधी को दफा 121, 121ए, 123, 124 और 126 के तहत गिरफ्तार करके मुकदमा चलाया जा सकता है?...देश के पहले प्रधानमन्त्री पण्डित जवाहर लाल नेहरू के लिए यह फैसला करना मुश्किल था, लेकिन कैबिनेट की राय थी कि संविधान और देश की अवमानना के किसी भी मामले में बड़े से बड़े आदमी के खिलाफ कार्रवाई की जा सकती है, चाहे वह राष्ट्रपिता ही क्यों न हों।...इसके बाद गाँधी

को प्यारेलाल, बावनदास, सुषमा और निर्मला के साथ गिरफ्तार कर लिया गया।

(धीरे–धीरे मंच पर प्रकाश आता है। जेल के अन्दर बावनदास आता है, उसके पीछे सुषमा है। सबसे अन्त में निर्मला है, जिसने बकरी की रस्सी पकड़ी हुई है। हवलदार निर्मला को जेल के अन्दर बकरी ले जाने से रोकता है।)

हवलदार : ये क्या है, बकरी क्यों ले जा रही हो जेल में?

निर्मला : गाँधी बाबा की बकरी है।

हवलदार : अरे किसी की भी बकरी हो...अन्दर नहीं जायेगी।

निर्मला : क्यों नहीं जायेगी...बुड्ढा भूखा मर जायेगा... इसी का दूध पी–पीकर तो वह जीता है...जहाँ जाता है बकरी साथ ले जावे है...साथ समंदर पार गया था तो बकरी साथ ले गया था...

हवलदार : ला, इधर ला...बकरी की रस्सी।

निर्मला : ले...बड़ा मरद बनता है...रस्सी पकड़ कर खींच...देखूँ कितना दूध पिया है तूने...

(हवलदार आश्चर्य से निर्मला को देखता है।)

सुषमा : अम्मा दे दे बकरी।

बावनदास : बकरी जेल नहीं जाता। हम जानता है, हम चार ठो बार जेल गया है।

निर्मला : तू चुप रह...मैं तो ले जावांगी।

हवलदार : *(झपटकर छीनना चाहता है)*...ला...बहुत हो गयी...नहीं तो लेडीज़ पुलिस बुलाता हूँ...

(प्यारेलाल आते हैं। उनके साथ जेलर भी है।)

प्यारेलाल : बकरी तो बापू के साथ कई बार जेल जा चुकी है।

जेलर : ठीक है...जाने दो...
(प्यारेलाल और जेलर के अलावा सब अन्दर चले जाते हैं। मंच पर कैदी के कपड़ों में गाँधी आते हैं।)

गाँधी : मुझे जानकारी मिली है कि इसी जेल में नाथूराम गोडसे और नाना आप्टे अपनी सज़ा काट रहे हैं।

जेलर : जी हाँ...नाथूराम गोडसे इसी जेल में है। लेकिन नाना आप्टे को दूसरी जेल में शिफ्ट कर दिया गया है।

गाँधी : नाथूराम गोडसे किस वार्ड में है?

जेलर : वो वार्ड नम्बर पाँच में है।

गाँधी : मुझे भी पाँच नम्बर का वार्ड दे दीजिए।

जेलर : *(चौंक कर)*...क्यों?

गाँधी : यह मेरी इच्छा है...मैं नाथूराम गोडसे से बात करना चाहता हूँ।

जेलर : महात्मा जी...क़ैदी को जेल में माँगने से वार्ड नहीं मिलते...और फिर उसने आप पर जानलेवा हमला किया था।

गाँधी : यही वजह है कि मैं वार्ड नम्बर पाँच में रहना चाहता हूँ।

जेलर : मतलब...मैं समझा नहीं...आप उस आदमी के साथ एक वार्ड में क्यों रहना चाहते हैं, जिसने आप पर जानलेवा हमला किया था?

गाँधी : मैंने कहा ना, मैं उससे बातचीत करना चाहता हूँ। उसके साथ 'डायलॉग' करना चाहता हूँ...

जेलर : माफ़ करें...जेल 'डायलॉग' करने का कोई फोरम नहीं है।

गाँधी : 'डायलॉग' करना तो सबका बुनियादी अधिकार है। आप किसी को कैसे रोक सकते हैं?

जेलर : देखिए, मेरी सबसे पहली और बड़ी ज़िम्मेदारी यह है कि जेल में लॉ और ऑर्डर क़ायम रहे...

गाँधी : ...तो मेरे वार्ड नम्बर पाँच में जाने से लॉ और ऑर्डर को क्या ख़तरा हो सकता है?

जेलर : वह आदमी आप पर फिर गोली चला सकता है।

गाँधी : क्या उसके पास यहाँ पिस्तौल है?

जेलर : *(घबराकर)*...नहीं...नहीं...पिस्तौल तो नहीं...लेकिन उसके बग़ैर भी किसी का क़त्ल किया जा सकता है।

गाँधी : मैं आपको लिख कर देता हूँ...आप मेरे कहने से मुझे वार्ड नम्बर पाँच दे रहे हैं और अगर, वहाँ मेरे साथ कुछ होता है तो उसकी ज़िम्मेदारी भी मेरी होगी।

जेलर : आपके लिखकर देने की कोई कानूनी अहमियत नहीं होगी।

गाँधी : मैं तो इसे परमात्मा की कृपा मानता हूँ कि गोडसे के इतना निकट आ गया हूँ। अब कोई मुझे उसके साथ संवाद बनाने से रोक नहीं सकता...

जेलर : महात्मा जी, आप चाहे जो कहें, आपको वॉर्ड नम्बर पाँच में नहीं भेजा जा सकता।

गाँधी : अगर ऐसा है तो मेरे पास एक ही रास्ता बचता है...

जेलर : क्या?

गाँधी : अपनी माँग के लिए आमरण अनशन।

जेलर : नहीं...नहीं...ठहरिये महात्मा जी...मैं...

गाँधी : ...हाँ तुम 'ऊपर' से पूछताछ कर लो...

(जेलर चला जाता है)

प्यारेलाल : बापू आप भी कमाल करते हैं।

गाँधी : मेरी समझ में नहीं आता कि बहुत सीधी–सादी और मोटी बातें लोगों की समझ में क्यों नहीं आतीं...मैं कोई अनोखी बात नहीं कह रहा हूँ।

प्यारेलाल : बापू, आपकी हर बात अनोखी होती है। नाथूराम गोडसे के वार्ड में आपके रहने का कोई तुक नहीं है।

गाँधी : प्यारेलाल, सच्चाई में अगर ताक़त है और आदमी में तुम्हारा विश्वास है...तो तुम यह मानते क्यों नहीं...झिझकते क्यों हो?...और अगर सच्चाई की ताक़त और आदमी पर भरोसा नहीं है, तो जीवित रहने से क्या फायदा?

दृश्य : पन्द्रह

(मंच पर अँधेरा है। वॉयस ओवर के साथ मंच पर धीरे–धीरे प्रकाश आता है।)

–गाँधी जी की इच्छा पूरी हो गयी। उन्हें वार्ड नम्बर–5 दे दिया गया जहाँ उन पर जान लेवा हमला करने वाला नाथूराम गोडसे सज़ा काट रहा है। देश के लोगों और अख़बारों में यह चर्चा होने लगी है कि गाँधी ने ऐसा क्यों किया और अब न जाने क्या होगा?

(प्रकाश आता है। वार्ड नम्बर पाँच में जेलर के साथ गाँधी आते हैं। गोडसे अपनी 'चट' पर बैठा अख़बार पढ़ रहा है। वह इन सबको उपेक्षा से देखता है और अख़बार पढ़ने लगता है।)

जेलर : ये है वार्ड नम्बर पाँच...ठीक है तो अब मैं चलता हूँ...*(गोडसे से)* मिस्टर गोडसे...गाँधी जी इसी वॉर्ड में रहेंगे...और...

गोडसे : *(बात काटकर)* मुझे उसमें कोई रुचि नहीं है...मेरे ऊपर कोई अन्तर नहीं पड़ता कि मेरे बराबर कौन लेटा है।

(गाँधी गोडसे को नमस्कार करते हैं। गोडसे कोई उत्तर नहीं देता।)

गाँधी : नाथूराम अगर ये तुम्हें अच्छा नहीं लग रहा है तो मैं माफ़ी माँगने के लिए तैयार हूँ लेकिन मैं अब वार्ड नम्बर पाँच से कहीं नहीं जाऊँगा। यह मेरे ऊपर परमेश्वर की असीम कृपा हुई है...
(बावनदास और प्यारेलाल मंच पर आते हैं।)

गाँधी : *(बावनदास और प्यारेलाल से)* ये नाथूराम गोडसे हैं...इन्हें नमस्ते करो...
(बावनदास और प्यारेलाल बड़ी बेदिली से हाथ जोड़ देते हैं। गोडसे कोई उत्तर नहीं देता है। बावनदास और प्यारेलाल सामान रखने लगते हैं। गोडसे अख़बार रख देता है।)

गोडसे : तुम इस वार्ड में मेरे पास क्यों आये हो?

गाँधी : नाथूराम अस्पताल से निकल कर मैं सीधा तुम्हारे पास आया था...जानते हो क्यों...

गोडसे : क्यों?

गाँधी : मैं अपनी परीक्षा लेना चाहता था...

गोडसे : परीक्षा...कैसी परीक्षा?

गाँधी : हाँ परीक्षा...मैं जानना चाहता था कि आदमी पर मेरा विश्वास कितना पक्का है...मैं ये समझना चाहता था कि तुम कौन हो...तुमने मेरे ऊपर गोली क्यों चलाई...लेकिन तुमने इसका मौक़ा ही नहीं दिया था...यहाँ जब मुझे पता चला कि तुम इस ज़ेल में हो...तो मुझे लगा ईश्वर ने मुझे एक अवसर दिया है...

गोडसे : कैसा अवसर?

गाँधी : तुम्हें समझने का अवसर...

गोडसे : तुम तो अदालत में आकर भी मुझे समझ सकते थे...

गाँधी : वैसे तो लम्बी बात है, कम में कहा जाये तो ये समझ लो, मेरे ऊपर गोली चलाने के बाद लोग तुमसे घृणा करने लगे या प्रेम करने लगे। कह सकते हो, घृणा करने वालों की तादाद प्रेम करने वालों की तादाद से ज़्यादा थी...लेकिन संख्या से क्या होता है। मैं घृणा और प्रेम के बीच से एक नया रास्ता तलाश करना चाहता था।

गोडसे : कैसा रास्ता?

गाँधी : बातचीत का रास्ता...मैं तुमसे बात करना चाहता था...तुम्हें समझना चाहता था...यह जानना चाहता था...नाथूराम तुमसे निवेदन है कि ईश्वर ने मुझे जो अवसर दिया है उसे बर्बाद न जाने दो...मुझसे बात करो...

गोडसे : ज़रूर करूँगा...लेकिन यह मत समझो कि मेरे विचार कच्ची मिट्टी के घड़े हैं।

गाँधी : नहीं गोडसे...मैं मानता हूँ, तुम्हारे विचार बहुत पक्के हैं, तुम्हारा विश्वास अडिंग है, तुम धूर्त या मक्कार नहीं हो...बेईमान नहीं हो, स्वार्थी नहीं हो...तुम साहसी हो...ऐसा न होता तो तुमने भरी प्रार्थना सभा में मेरे ऊपर गोली न चलायी होती...

गोडसे : मैंने जो कुछ भी किया...अपने लिए नहीं किया था...मेरी तुमसे कोई निजी दुश्मनी न थी और न है...मैं हिन्दुओं की रक्षा अर्थात् हिन्दू धर्म और हिन्दुस्तान को बचाने के लिए तुम्हारी हत्या करना चाहता था।

गाँधी : मैं खुश हूँ गोडसे...तुम सच बोल रहे हो...

गोडसे : मैंने यही बात अदालत में कही थी...

गाँधी : अफसोस की बात यह है कि अदालत में सिर्फ़ बयान और जिरह होती हैं...

गोडसे : क्या नहीं होता...

गाँधी : संवाद नहीं होता...

गोडसे : संवाद होता तो क्या पूछते?

गाँधी : तो यही पूछता कि हिन्दू से तुम्हारा मतलब क्या है? पहली बात...यह शब्द कहाँ से आया? वेद पुराण और उपनिषदों में यह शब्द नहीं मिलता...पुराणों में लिखा है...समुद्र के उत्तर और हिमालय के दक्षिण में जो देश है उसका नाम भारत है...यहाँ भरत की सन्तानें रहती हैं। *(गोडसे उठ कर खड़ा हो जाता है। इधर–उधर टहलने लगता है। गाँधी उसे ध्यान से देखते हैं।)*

गोडसे : गाँधी, हिन्दू शब्द बहुत प्राचीन है...यह भ्रम फैलाया गया है कि हिन्दू शब्द विदेशियों ने दिया है...तुमने प्रश्न किया था कि हिन्दू से मैं क्या अर्थ लेता हूँ...वैदिक धर्म और उसकी शाखाओं पर विश्वास करने वालों को मैं हिन्दू

मानता हूँ...और सिन्धु नदी के पूर्व में जिस धरती पर हिन्दू बसते हैं वह हिन्दूस्थान है...
(बावनदास और प्यारेलाल भी बैठ कर बातचीत सुनने लगते हैं।)

गाँधी : गोडसे, तुम 'हिन्दुस्तान' से प्रेम करते हो...

गोडसे : प्राणों से अधिक।

गाँधी : तुमने 'हिन्दुस्तान' देखा है?

गोडसे : क्या मतलब?

गाँधी : तुमने सिन्धु से लेकर असम और कश्मीर से लेकर कन्याकुमारी तक का इलाका देखा है...तुमने भारत के चारों कोने देखे हैं...

गोडसे : *(बिगड़कर)* उससे क्या होता है...मैंने नहीं देखे...

गाँधी : जब तुमने हिन्दुस्तान को देखा ही नहीं है तो उससे प्रेम कैसे करते हो...देश से प्रेम करने के लिए देश को जानना तो ज़रूरी है न?
(गोडसे गाँधी को घूरकर देखता है।)

गाँधी : तुम देश से प्रेम करते हो...क्या देशवासियों से भी प्रेम करते हो...

गोडसे : हाँ...जो देश से प्रेम करते हैं उनसे मैं भी प्रेम करता हूँ...

गाँधी : नाथूराम तुम ये कैसे समझते हो कि कौन देशवासी देश से प्रेम करता है...कौन नहीं करता...

गोडसे : हाँ...जिन्होंने देश का बँटवारा कराया वे देश से प्रेम नहीं करते...

गाँधी : किसने देश का बँटवारा कराया...

गोडसे : मुसलमानों ने...

गाँधी : तुम बहुत जानकार आदमी हो...ये बताओ क्या सब मुसलमान देश का बँटवारा कराना चाहते थे?

गोडसे : तुम कहना क्या चाहते हो?

गाँधी : बहुत से मुसलमान बँटवारे के खिलाफ थे...नहीं चाहते थे बँटवारा हो...उन्हें तुम क्या कहोगे? देश से प्रेम करने वाले या...

गोडसे : यह हिन्दुओं का देश है गाँधी...

गाँधी : देश...देशवासियों का होता है...किसी धर्म या जाति का नहीं होता...*(प्यारेलाल से)* चर्खा इधर उठा दो...मेरे हाथ काम माँग रहे हैं।

(प्यारेलाल और बावनदास चर्खा उठा कर गाँधी के सामने रख देते हैं। वे चर्खा चलाने लगते हैं।)

गाँधी : *(गोडसे से)* मैं 1915 में जब भारत आया था... और यहाँ सेवा भाव से काम करना चाहता था तो मेरे गुरु महामना गोखले ने मुझसे कहा था कि गाँधी हिन्दुस्तान में कुछ करने से पहले इस देश को देख लो...और मैंने एक साल तक इस देश को देखा था...और उसका इतना प्रभाव पड़ा था कि मैं चकित रह गया था।

गोडसे : कैसे?

गाँधी : जिसे हम 'हिन्दूस्थान' या 'हिन्दुस्तान' कहते हैं वह एक पूरा संसार है गोडसे...और उस

संसार में जो कुछ है...जो रहता है...जो काम करता है...उससे हिन्दुस्तान बनता है...

गोडसे : ये ग़लत है...'हिन्दूस्थान' केवल हिन्दुओं का देश है...

गाँधी : तुम हिन्दुस्तान को छोटा कर रहे हो गोडसे...

गोडसे : कैसे?

गाँधी : हिन्दुस्तान में कभी एक विश्वास और एक धर्म को मानने वाले नहीं रहे...तुम उन जनजातियों को क्या कहोगे जो सदा से यहाँ रह रही हैं... तुमने बंबई में पारसी तो देखेंगे होंगे जो ईरान से आये थे...और अब सैंकड़ों साल से यहाँ रह रहे हैं...तुमने क्या उन लोगों को देखा है...जो दूसरे देशों से समुद्र के रास्ते यहाँ आ कर बस गये थे...अगर तुम हिन्दुस्तान को केवल हिन्दुओं का देश मानते हो तो हिन्दुस्तान को छोटा कर रहे हैं...जितने लोग यहाँ रहते हैं उन सबसे बनता है हिन्दुस्तान...तुम्हारी कल्पना से कहीं अधिक बड़ा है...परमेश्वर की विशेष कृपा रही है इस देश पर...

गोडसे : सैंकड़ों साल की गुलामी को तुम कृपा मान रहे हो?

गाँधी : नाथूराम...असली आज़ादी मन और विचार की आज़ादी होती है...हिन्दूमत कभी पराजित नहीं हुआ...राम ने अपना विस्तार ही किया है...

गोडसे : तुम्हें राम से क्या लेना–देना गाँधी...तुमने तो राम और रहीम को मिला दिया है...ईश्वर अल्लाह को तुम एक मानते हो...

गाँधी : हाँ...नाथूराम...मैं वही कर रहा हूँ जो यह देश हज़ारों साल से करता आया है...

गोडसे : क्या ?

गाँधी : समन्वय...

गोडसे : समन्वय...यह शब्द...मैं इससे घृणा करता हूँ... हम विशुद्ध हिन्दू हैं, हमारा वैदिक धर्म और संस्कार...सब विशुद्ध हैं...हमें हिन्दू होने पर गर्व है...हम सर्वश्रेष्ठ हैं...सर्वोत्तम हैं।

गाँधी : अच्छा तो यही होता नाथूराम...कि तुम्हारी प्रशंसा दूसरे करते।

दृश्य : सोलह

(मंच पर अँधेरा है। धीरे–धीरे रोशनी आती है। वॉयस ओवर शुरू होता है।)

–देश की संसद में विरोधी दल के नेता डॉक्टर राम मनोहर लोहिया ने सरकार को आड़े हाथों लेते हुए ये शंका जताई कि राष्ट्रपिता महात्मा गाँधी और नाथूराम गोडसे को एक वॉर्ड में रखना खतरनाक हो सकता है। नेशनल हेराल्ड के सम्पादक चेलापति राव ने लिखा कि गाँधी कुछ ऐसा करने जा रहे हैं जो उनका सत्य के साथ सबसे बड़ा प्रयोग हो सकता है। संसद और अख़बारों से होती हुई यह चर्चा देश के मुहल्लों और गलियों में फैल गयी। लेकिन वार्ड नम्बर पाँच में जीवन अपनी सामान्य गति से चलता रहा।

(मंच पर बावनदास तकली चला रहा है...उससे कुछ दूर गोडसे 'अख़बार' पढ़ रहा है।)

बावनदास : गोडसे जी एक बात बताइये...आप हिंसा क्यों करते हैं...

(गोडसे अख़बार रख देता है और बावनदास को घूर कर देखता है।)

बावनदास : क्या हम कोई गलत सवाल कर दिये... गोडसे जी...

गोडसे : मैंने सिर्फ़ गाँधी पर गोली चलाई थी और उसका उद्देश्य बड़ा पवित्र था...हिन्दुओं की रक्षा...

बावनदास : बापू जी भी तो हिन्दू हैं गोडसे जी...

गोडसे : ये सब तुम नहीं समझ सकते।

(निर्मला और सुषमा दूध और नाश्ता लेकर अन्दर आती है।)

निर्मला : (इधर–उधर देखकर बावनदास से) बाबा किधर चला गया...दूध और नाश्ता लायीं हूँ।

बावनदास : दूध इधर रख दीजिये...अभी आते हैं गान्ही बाबा...

निर्मला : देखता रहियो...(धीरे–से बावनदास से गोडसे के बारे में पूछती है) ये कौन है...

बावनदास : वही है...जिसने गान्ही बाबा पर गोल्ली चलाया था...

(निर्मला गोडसे के पास जाती है और उसे ध्यान से देखती है।)

निर्मला : क्यों रे...काहे गोल्ली चलाई थी...उसने तेरी भैंस हाँक ली थी...या घेर तोड़ दिया था...

(गोडसे आश्चर्य से निर्मला की तरफ देखता है।)

निर्मला : बाबा तो डेढ़ पसल्ली का है...हड्डी का ढाँचा है...मर जाता तो तुझे क्या मिलता...

(गाँधी मंच पर आते हैं। गाँधी देखते हैं कि निर्मला गोडसे से ऊँची आवाज़ में बात कर रही है।)

गाँधी : *(निर्मला से)* ये नाथूराम गोडसे हैं...इन्हें प्रणाम करो...

निर्मला : काहे का प्रणाम...

गाँधी : तुम और सुषमा दोनों नाथूराम को प्रणाम करो ...यह मेरी हार्दिक इच्छा है...आदेश नहीं है...

(निर्मला और सुषमा गोडसे को प्रणाम करती हैं। वह उनके प्रणाम का उत्तर देता है।)

गांधी : *(निर्मला की ओर संकेत करके)* इनका नाम निर्मला है...और जिस बकरी की ये सेवा करती हैं...उसका नाम भी निर्मला है।

निर्मला : देख महात्मा...ये अच्छा नहीं है...तू अपनी बकरी का नाम बदल दे...

गाँधी : बकरी से पूछ ले...वह कहेगी तो बदल दूँगा... *(गाँधी ठहाका मारकर हँसते हैं।)*

निर्मला : बकरी से तू ही पूछ सकता है महात्मा...लै...दूध पी लै...

गाँधी : *(निर्मला से गोडसे की तरफ इशारा करते हुए)*...नाथूराम को भी दूध पिलाओ...

निर्मला : अरे तेरी तो मति मारी गयी है महात्मा...साँप को दूध पिला रहा है।

सुषमा : चुप रह माँ...तेरी मुँह में जो आता है बक देती है...

(सुषमा दो गिलासों में दूध डालती हुई। एक गिलास गाँधी जी की तरफ बढ़ाती है और दूसरी गिलास गोडसे की तरफ।)

गाँधी : इस लड़की का नाम सुषमा है...एक बहुत वीर सत्याग्रही की बेटी है...इसके पिता रामपाल वर्मा भारत छोड़ों आन्दोलन में शहीद हो गये थे...
(गोडसे प्रशंसात्मक ढंग से सुषमा को देखता है।)
(सुषमा निर्मला, बावनदास बाहर चले जाते हैं।)

गाँधी : (गोडसे से)...क्षमा चाहता हूँ...बेपढ़ी–लिखी औरत है, पर दिल की अच्छी है...तुम्हें उल्टा–सीधा बोल गयी, इसके लिए क्षमा चाहता हूँ।

गोडसे : नहीं...उसने जो कहा वह सत्य ही कहा है...देश के बहुत से भोले–भाले हिन्दुओं को यह नहीं मालूम कि तुम हिन्दू विरोधी हो।

गाँधी : कैसे गोडसे?

गोडसे : एक–दो नहीं सैंकड़ों उदाहरण दिये जा सकते हैं...सबसे बड़ा तो यह है कि तुमने कहा था कि पाकिस्तान तुम्हारी लाश पर बनेगा...लेकिन पाकिस्तान बन गया और तुम ज़िन्दा हो...

गाँधी : गोडसे...मैंने जो कहा था...वह सत्य है...सावरकर ने भी कहा था कि वे खून की अन्तिम बूँद तक पाकिस्तान का विरोध करेंगे...लेकिन देखो आज मैं जीवित हूँ...सावरकर के शरीर में पर्याप्त खून है...पर एक बात है गोडसे...

गोडसे : क्या?

गाँधी : मैं पाकिस्तान बनने का विरोध कर रहा था... तो ये बात समझ में आती है...पर मुझे समझा

दो कि सावरकर पाकिस्तान का विरोध क्यों करते हैं?

गोडसे : क्या मतलब...मातृभूमि के टुकड़े...

गाँधी : *(बात काट कर)*...सावरकर तो यह मानते हैं... लिखा है उन्होंने कि मुसलमान और हिन्दू दो अलग–अलग राष्ट्रीयताएँ हैं...इस विचार के तहत तो उन्हें पाकिस्तान का स्वागत करना चाहिए।

गोडसे : यह असम्भव है...गुरुजी...पर आरोप है...

गाँधी : सावरकर की पुस्तक 'हिन्दू राष्ट्र दर्शन...' मैंने पुणे जेल में सुनी थी...कृपलानी ने सुनाई थी ...देखो...अगर तुम किसी को अपने से बाहर का मानोगे और वो बाहर चला जाता है तो इसमें एतराज कैसा? हाँ, भारत विभाजन का पूरा दुःख तो मुझे है क्योंकि मैं इस सिद्धान्त को मानता ही नहीं कि हिन्दू और मुसलमान दो अलग–अलग राष्ट्रताएँ हैं।

गोडसे : अगर तुम पाकिस्तान के इतने ही विरोधी हो तो तुमने 55 करोड़ रुपये दिये जाने के लिए आमरण अनशन क्यों किया था?

गाँधी : मेरे अनशन की शर्तों में 55 करोड़ की तो कोई बात ही न थी...वह तो शान्ति और एकता के लिए था...हाँ मैं ये ज़रूर चाहता था कि हम अपने वायदे से मुकर न जायें...

'रघुकुल रीति सदा चली आयी। प्राण जाये पर वचन न जाई'।

गोडसे : तुमने अपने सिद्धान्तों की आड़ में सदा मुसलमानों का पक्ष लिया है।

गाँधी : दक्षिण अफ्रीका में मैंने जो किया...क्या वह केवल मुसलमानों के लिए था? चम्पारण, अहमदाबाद के आन्दोलन क्या केवल मुसलमानों के लिए थे? असहयोग आन्दोलन में क्या केवल मुसलमान थे? हरिजन उद्धार और स्वराज का केन्द्र क्या मुसलमान थे? नमक सत्याग्रह और भारत छोड़ों आन्दोलन क्या मुसलमानों के लिए था? हाँ, जब मुसलमान ब्रिटिश साम्राज्यवाद के विरुद्ध खिलाफत आन्दोलन में उठ खड़े हुए थे तो मैंने उनका साथ दिया था...और इस पर मुझे गर्व है।

गोडसे : खिलाफत आन्दोलन से प्रेम और अखण्ड भारत से घृणा, यही तुम्हारा जीवन दर्शन रहा है...हिन्दू राष्ट्र के प्रति तुम्हारे मन में कोई सहानुभूति नहीं है।

गाँधी : हिन्दू राष्ट्र क्या है गोडसे?

गोडसे : वो देखो सामने मानचित्र लगा है...अखण्ड भारत।

(गाँधी उठकर नक्शा देखते हैं।)

गाँधी : गोडसे...यही अखण्ड भारत का नक्शा है?

गोडसे : हाँ...यह हमारा है...यहाँ भगवा लहराएगा...

गाँधी : नाथूराम...तुम्हारा अखण्ड भारत इस नक्शे से बहुत बड़ा है हिन्दुस्तान...

गोडसे : कैसे ?

गाँधी : बहुत पहले हमारे पूर्वजों ने कहा था, वसुधैव कुटुम्बकम...मतलब सारा संसार एक परिवार है...परिवार...परिवार का ध्यान नहीं रखोगे तो अशान्ति होगी...अशान्ति देश प्रेम नहीं है नाथूराम...शान्ति के बिना देश से प्रेम नहीं किया जा सकता।

दृश्य : सत्रह

(मंच पर अँधेरा है। धीरे–धीरे वॉयस ओवर के साथ प्रकाश आता है।)

–गाँधी की व्याकुल आत्मा और पैनी निगाहें जेल के अन्दर काम करने की सम्भावनाएँ तलाश कर लेती हैं। उनका यह मानना था कि काम लोगों को जोड़ता है, एकता की भावना पैदा करता है जो मनुष्य जाति का सबसे बड़ी वरदान है।

(मंच पर बड़ी–बड़ी झाड़ू लिए हुए बावनदास आता है। प्यारेलाल अपने हाथों में कुछ पोटलियाँ उठाए हुए उसके पीछे–पीछे आते हैं। वॉयस ओवर जारी रहता है।)

अपने आपको दस तरह के कामों में लगाये रखना और अपनी सेना को आराम का समय न देने पर विश्वास करने वाले गाँधी के मन में जाने क्या आया कि यह सब लाने का आदेश दे दिया।

(मंच पर निर्मला और सुषमा आते हैं। उन्हें प्यारेलाल थैला देते हैं। वे थैलों से कपड़ा निकालकर उसे काटने लगती हैं।

निर्मला सिलाई भी करती है। गाँधी एक हाथ में झाड़ू का डंडा पकड़ कर उसे देखते हैं। गोडसे शुरू से ही दृश्य में मौजूद है। वह इन सबको कुछ आश्चर्य और उपेक्षा से देख रहा है। गाँधी मंच पर यह जानने के लिए झाड़ू देने लगते हैं, जैसे झाड़ू को टेस्ट कर रहे हों।)

गाँधी : *(प्यारेलाल से)*...फिनैल और चूना भी लाए हो?

प्यारेलाल : सब आ गया है...उधर रखा है।

गाँधी : सुषमा...एक कपड़ा मुझे देना...

(सुषमा, गाँधी को एक चौड़े कपड़े की पट्टी देती है। गाँधी उसे मुँह पर लगा लेते हैं। सुषमा पीछे से बाँध देती है। गाँधी इशारा करते हैं कि पट्टी ठीक बनी है। गोडसे यह सब देख रहा है।)

(जेलर मंच पर आता है। वह कुछ गुस्से में है।)

जेलर : महात्मा जी...मैंने सुना है आप जेल के संडास साफ़ करने जा रहे हैं।

गाँधी : हाँ...क्यों? इसमें क्या बुराई है...सफाई करना तो अच्छी बात है।

जेलर : जेल को साफ़ रखना मेरी ज़िम्मेदारी है। आपकी नहीं।

गाँधी : देखो...ये जेल देश का है...देश को साफ़ रखना तो पूरे देशवासियों की ज़िम्मेदारी है।

जेलर : मैं...आपसे बहस नहीं कर सकता।

गाँधी : तो क्यों कर रहे हो?

(गोडसे, गाँधी और जेलर के पास आकर खड़ा हो जाता है। लेकिन कुछ नहीं बोलता।)

गाँधी : मैंने तो जेल के सभी कैदियों से निवेदन किया है कि वे जेल के संडास की सफाई में मेरी मदद करें।

जेलर : ये सब मुझे मंजूर नहीं है क्योंकि ये सब ग़ैरक़ानूनी है। जेल मैनुअल में यह नहीं लिखा है कि कैदी संडास की सफाई में लगाये जा सकते हैं।

गाँधी : जेल मैनुअल में तो ये भी नहीं लिखा है कि ऐसा नहीं किया जा सकता...

जेलर : कैदियों को जमा करना ग़ैरकानूनी है...आप सफाई के नाम पर सैंकड़ों कैदियों को जमा करना चाहते हैं जो ग़ैरकानूनी है।

गाँधी : अगर तुम्हें डर है तो सिर्फ़ हम ही लोग...मतलब मैं, प्यारेलाल, बावनदास, निर्मला, सुषमा और नाथूराम गोडसे ही संडास साफ़ करेंगे...
(गाँधी बहुत सज्जनता से एक झाड़ू और एक कपड़ा लेकर गोडसे के पास जाते हैं और झाड़ू आगे बढ़ाते हुए कहते हैं)

गाँधी : आओ गोडसे...देश सेवा करें...

गोडसे : (चिड़कर) ये कोई देश सेवा नहीं...

गाँधी : फिर देश सेवा क्या है गोडसे...
(गोडसे थोड़ा सटपटा जाता है।)

गाँधी : देश और देशवासियों को सफाई से रखना...देश सेवा नहीं है...

गोडसे : नहीं...हिन्दुत्व की रक्षा करना...देश सेवा है।

गाँधी : क्या हिन्दुओं के लिए सफाई से रहना ज़रूरी नहीं है ?

गोडसे : ये सब बहुत छोटी बातें हैं।

गाँधी : तुमने अब तक हिन्दुओं की क्या सेवा की है...

गोडसे : (कुछ घबराकर) तुम से क्या मतलब...

गाँधी : गोडसे...अपने आपको धोखा देने में बड़ा कष्ट होता है...

(गाँधी मुड़ जाते हैं और जेलर से कहते हैं।)

गाँधी : सबसे पहले हम इसी वार्ड से सफाई शुरू करते हैं...तुम चाहो तो हमें गिरफ्तार कर सकते हो, लेकिन कौन सी धारा लगाओगे?

(इस बीच गांधी और उनके सभी साथी मुँह पर कपड़ा बाँध कर सफाई का काम शुरू कर देते हैं। बावनदास सफाई का गीत गाता है। सभी उसमें शामिल होते हैं। कोरस गाते हैं। पूरे एक्शन के साथ)

साफ़ करो जी, साफ़ करो
कूड़ा–करवट, साफ़ करो
गन्दा–मैला, साफ़ करो
कपड़े–लते, साफ़ करो
साफ़ करो जी, साफ़ करो
मिलजुल कर सब साफ़ करो
हिंसा–घृणा, साफ़ करो

लालच–लिप्सा, साफ़ करो
मन की माया, साफ़ करो
साफ़ करो जी, साफ़ करो
घर–बाहर सब साफ़ करो
पूरी धरती साफ़ करो
नदियाँ–नाले, साफ़ करो
साफ़ करो जी, साफ़ करो

(सफाई करते–करते सुषमा बेहोश होकर फर्श पर गिर जाती है। सफाई का काम रुक जाता है। गाँधी और दूसरे लोग सुषमा को उठाते हैं।)

गाँधी : ये बेहोश हो गयी है...पानी लाओ पानी...
(गोडसे पानी का लोटा गाँधी को दे देता है। गाँधी सुषमा के मुँह पर पानी के छिंटे मारते हैं उसे होष आ जाता है। वह उठ कर बैठ जाती है। निर्मला उसका सिर सहलाती है।)

निर्मला : *(गाँधी से)* देख महात्मा...मैं सबके सामने कह देती हूँ...मेरी बेटी को कुछ हो गया तो मैं तुझे ना छोड़ूँगी।

दृश्य : अठारह

(मंच पर अँधेरा है। गोडसे के गीता पाठ की आवाज़ सुनाई देती है। वह धीरे–धीरे मंच पर प्रकाश आता है। गोडसे गीता का पाठ कर रहा है। निर्मला और सुषमा मंच पर आते हैं ये गाँधी का नाश्ता लाये हैं। मंच पर गाँधी नहीं हैं। गोडसे निर्मला और सुषमा को देखकर गीता रख देता है। निर्मला और सुषमा दोनों गोडसे को प्रणाम करते हैं। गोडसे उत्तर देता है।)

निर्मला : बाबा कहाँ गया...

गोडसे : टहलने गये हैं...अभी आते ही होंगे...

निर्मला : ले तू तो दूध पी ले...या बाबा के साथ पियेगा...

गोडसे : दूध तो मैं पी लूँगा पर एक बात बताओ...

निर्मला : क्या बात ?

गोडसे : क्या तुम्हारी लड़की बीमार है...कल बेहोश हो गयी थी...दिन–पर–दिन इसका चेहरा सूखता जा रहा है।

निर्मला : ना बीमार–ईमार तो ना है...

गोडसे : फिर क्या बात है?

निर्मला : बात तो बहुत सीधी है...

सुषमा : चुप रह माँ...

निर्मला : अरे बताने दे...नवीन को तू नहीं जानता... सुषमा और नवीन शादी करना चाहे हैं...बाबा नहीं चाहता...

गोडसे : गाँधी को क्या मतलब...अगर ये दोनों शादी करना चाहते हैं तो कर लें...

निर्मला : तू जानता नहीं...बाबा औरत आदमी के सम्बन्ध को मानता नहीं...कहता है ब्रह्मचारी रहो...

गोडसे : क्या कोई ज़बरदस्ती है...

निर्मला : ज़बरदस्ती तो ना है...पर कहता है सुषमा शादी कर लेगी तो उसे अपने साथ नहीं रखेगा... और ये बाबा की सेवा से अलग नहीं होना चाहती...यही बात है।

(गाँधी मंच पर आते हैं।)

गाँधी : आज तुम लोग सात मिनट पहले नाशता ले आये...आओ नाथूराम आओ...नाशता करते हैं।

(नाश्ता रख कर सुषमा और निर्मला चले जाते हैं।)

गोडसे : एक बात पूंछू आपसे...

गाँधी : बहुत ख़ुशी से...तुम कुछ पूछ रहे हो यह मेरे लिए प्रसन्नता की बात है...

गोडसे : आप ने देश को तो आज़ाद करा दिया... उनको कब आज़ाद करेंगे...जिनको आपने दास बना रखा है...

गाँधी : क्या मतलब...

गोडसे : सुषमा को आप शादी करने को क्यों रोक रहे हैं...

गाँधी : जब तक वह मेरे साथ है...तब तक...

गोडसे : *(बात काट कर)* तब तक आपकी दासी बने रहे? आप ने सदा अपनी मर्जी दूसरों पर लादी है...आप दूसरों का और बहुमत का सम्मान नहीं करते...आप ने सुभाष चन्द्र बोस को कांग्रेस का अध्यक्ष नहीं बनने दिया...आपने सरदार पटेल को प्रधानमन्त्री नहीं बनने दिया...यह क्या है...इस सब का कोई जवाब है आपके पास...

गाँधी : तुम सच कह रहे हो नाथूराम...बिल्कुल सच... और इसका सिर्फ़ एक जवाब है मेरे पास...मैंने कोई फैसला अपने स्वार्थ के लिए नहीं किया...।

गोडसे : यह आपकी निजी राय है...

गाँधी : हाँ तुम इससे असहमत हो सकते थे।

दृश्य : उन्नीस

(धीरे–धीरे मंच पर नीले रंग की रोशनी होती है। गाँधी बिस्तर पर लेटे सो रहे हैं। अचानक किसी की चलने की आवाज़ सुनाई देती है। गाँधी उठ जाते हैं। देखते है सामने किसी औरत की छाया खड़ी है। गाँधी के सपने में कस्तूरबा आती हैं।)

गाँधी : कौन?

कस्तूरबा : मुझे पहचानते भी नहीं...

गाँधी : बा...तुम...? इतने दिनों बाद...कैसे?

कस्तूरबा : जो जीवन में नहीं कह सकी...वह कहने आयी हूँ।

गाँधी : वह क्या है बा?

कस्तूरबा : तुमने मेरे साथ न्याय नहीं किया था।

गाँधी : बा, ये तो मैं मानता हूँ...लिख भी चुका हूँ...तुमसे माफ़ी भी माँग चुका हूँ...

कस्तूरबा : अगर मेरी बात छोड़ भी दो तो...तुमने हर औरत को दुःख दिया है...सताया है, जो तुम्हारे करीब आयी हैं।

गाँधी : *(डर कर)*...ये तुम क्या कह रही हो बा?

कस्तूरबा : अपने आदर्शों और प्रयोगों की चक्की में तुमने हर औरत को पीसा है।

गाँधी : मैं एक भागीरथी प्रयास कर रहा हूँ, तुम...

कस्तूरबा : *(बात काटकर)*...प्रयोग में अपनी बलि दी जाती है, दूसरों की नहीं...तुमने कहाँ दी है अपनी बलि?

गाँधी : तू आज भी उतनी ही ज़हरीली है जितनी थी।

कस्तूरबा : जो तुम्हारे महात्मा होने से नहीं डरता, उसे तुम डरते हो।

गाँधी : आज तू फिर काले नाग की तरह फुंफकार रही है...क्या बात है? तू आयी क्यों है?

कस्तूरबा : बहुत सीधी बात करने आयी हूँ...स्त्रियों को दु:ख देना बन्द कर दो...

गाँधी : मैं तुमसे माफ़ी माँगता हूँ बा...

कस्तूरबा : *(बात काटकर)*...मुझसे माफ़ी माँग कर क्या होगा? तुम्हें माफ़ी तो जयप्रकाश नारायण और प्रभादेवी से माँगनी चाहिए...कि तुमने उनके वैवाहिक जीवन का सत्यानाश कर दिया था... सुशीला से माफ़ी माँगा...मीरा से माफ़ी माँगो... जो मेरी सौतन बनी रही...हज़ारों अपमान झेले और पाया क्या? दूर क्यों जाते हो अपने बेटे से माफ़ी माँगो...देवदास और लक्ष्मी को तुमने कितना रुलाया है...और नाम बताऊँ? आभा और कनु...मुन्ना लाल और कंचन...

गाँधी : बस करो बा...बस...परमात्मा के लिए बन्द करो ये सब...मैं अपनी आँखें और कान बन्द कर रहा हूँ।

कस्तूरबा : दूसरों की आँखों से भी कभी कुछ देख लिया करो।...

गाँधी : ...देखो, मेरे कुछ आदर्श हैं...मेरे सिद्धान्त हैं...मेरे विश्वास हैं...मैं किसी को कभी कुछ करने या न करने पर मजबूर नहीं करता...

कस्तूरबा : सुषमा और नवीन के बीच में कौन है? ...तुम इसलिए दीवार बने खड़े हो कि सुषमा तुम्हें भगवान मानती है...अपने मानने वालों के प्रति तुम्हारे मन में दया नहीं है।

गाँधी : मैं किसी को पकड़ कर आश्रम में नहीं लाता ...जो आता है, अपनी इच्छा से आता है...जब आ जाता है तो उसे यहाँ के नियमों का पालन करना पड़ता है...सुषमा चाहे तो...आश्रम छोड़ कर जा सकती है...नवीन से शादी कर सकती है।

कस्तूरबा : तुम जानते हो, सुषमा आश्रम छोड़ कर नहीं जा सकती है...और यही तुम्हारी ताक़त है जिसका तुम प्रयोग करते हो...इसे तुम हिंसा नहीं कहोगे? मनोवैज्ञानिक हिंसा कह सकते हो, जिससे तुम दूसरों को मानसिक कष्ट देते हो...और वह भी उनको, जो तुम्हें 'भगवान' समझते हैं...

(मंच पर पूरा प्रकाश आता है। गाँधी चारपाई से उठ जाते हैं। इधर–उधर देखते हैं, कोई नहीं है।)

(बावनदास अन्दर आता है।)

बावनदास : प्रार्थना के लिए तैयारी है...

गाँधी : *(प्यारेलाल को आवाज़ देते हैं।)* प्यारेलाल... प्यारेलाल...

(प्यारेलाल मंच पर आते हैं।)

गाँधी : तार देकर नवीन को बुला लो...

प्यारेलाल : *(आश्चर्य से)* नवीन को...क्यों बापू...

गाँधी : मैं सुषमा और नवीन की शादी करना चाहता हूँ...

प्यारेलाल : आपके आदर्श...

गाँधी : *(बात काटकर)* आदर्श जीवन को सुन्दर बनाने के लिए होते हैं...कुरूप बनाने के लिए नहीं...

दृश्य : बीस

(मंच पर अँधेरा है। वॉयस ओवर शुरू होता है।)

उद्घोषणा—ऊपर से नीचे तक खादी के कपड़े पहने, सिर पर सेहरा बाँधे, नवीन जेल के वार्ड पर पहुँचा। शहनाई की आवाज़, जेल की दीवारों से टकराई। गैस बत्तियों की रोशनी में जेल का वार्ड आलोकित हो गया। पाँच बरातियों के साथ दूल्हा वार्ड नम्बर पाँच में आया। लाल खादी की साड़ी बांधे दुल्हन उसका इन्तज़ार कर रही है।

(मंच पर धीरे—धीरे प्रकाश आता है। गाँधी शादी की रस्में पूरी कराते हैं। गोडसे भी वहीं मौजूद है। अग्नि कुण्ड सामने दूल्हा—दुल्हन बैठते हैं। गाँधी मंत्र पढ़ते हैं। अग्नि के चारों तरफ फेरे लगते हैं। जयमाला डाली जाती है।)

गाँधी : मैं हर नवविवाहित जोड़े को सदा एक भेंट देता हूँ...तुम लोगों को भी दे रहा हूँ...'गीता'...है...मेरा जीवन दर्शन...मेरी आत्मा इसी में निवास करती है...गीता...

(दोनों गीता ले लेते हैं)

गाँधी : जाओ...ब्रह्मचारियों जैसा जीवन बिताओ।

निर्मला : अरे महात्मा, आज तो इन्हें सन्तान का आशीर्वाद दे देता।

गाँधी : *(प्यारेलाल से)*...इन्हें मेरी किताब 'विवाह का अर्थ' की एक कॉपी दे देना...

निर्मला : दो–चार दिन की छुट्टी ही दे दे इन्हें।

गाँधी : *(प्यारेलाल से)*...अब तुम लोग जाओ...समय हो गया है।

(गाँधी और गोडसे को छोड़कर सब बाहर निकल जाते हैं)

गोडसे : तुमने गीता भेंट की है?

गाँधी : हाँ...मैंने गीता भेंट की है...गीता मेरा जीवन दर्शन है।

गोडसे : *(धीरे से)* गीता मेरा भी जीवन दर्शन है...

गाँधी : क्या तुम्हें गीता ने मेरी हत्या करने की प्रेरणा दी थी...

(गोडसे चुप रहता है।)

गाँधी : कितनी अजीब बात है गोडसे...गीता का एक प्रशसक हत्या करने का प्रयास करता है दूसरा उसे क्षमा कर देता है आओ हम मिल कर गीता पढ़ें।

गोडसे : नहीं मैं तुम्हारे साथ गीता नहीं पढ़ना चाहता।

गाँधी : क्यों?

गोडसे : तुमने गीता को तोड़–मरोड़ कर अहिंसा से जोड़ दिया है, जबकि गीता निफ़ल कर्म का दर्शन है। युद्ध के क्षेत्र में निष्फल कर्म से

प्रेरित अर्जुन अपने प्रियजनों तक को हत्या कर देते हैं।

गाँधी : लड़ाई के मैदान में हत्या करने और प्रार्थना सभा में गोली चलाने में अन्तर है नाथूराम...

गोडसे : विचारों का युद्ध...

गाँधी : विचारों के युद्ध में हथियार नहीं...विचार चलते हैं। प्रार्थना सभा में हत्या नहीं की जाती...

गोडसे : कर्म के प्रति सच्ची निष्ठा ही काफ़ी है स्थान का कोई महत्त्व नहीं है।

गाँधी : गोडसे...कर्म में तुम्हारी पूरी आस्था है?

गोडसे : हाँ है...

गाँधी : किस कर्म में तुम्हारी आस्था है...

गोडसे : क्या मतलब...

गाँधी : गीता कर्म की व्याख्या भी करती है...

गोडसे : क्या व्याख्या करती है...

गाँधी : गीता के अनुसार यज्ञ कर्म मतलब, दूसरों की भलाई के लिए किया जाने वाला काम ही कर्म है। हत्या किसी की भलाई में किया जाने वाला काम नहीं हो सकती।

गोडसे : मुद्दा यह है कि हत्या क्यों की जा रही है? उद्देश्य क्या है? कितना पवित्र है, कितना महान है।

गाँधी : महान उद्‌देश्य को पूरा करने के लिए तुमने बहुत साधारण रास्ता अपनाया...

गोडसे : कैसे?

गाँधी : तुमने मेरे आत्मा को मारने का प्रयास नहीं किया...शरीर पर हमला किया...जो हर अपराधी करता है।

गोडसे : मैंने कोई अपराध नहीं किया...तुम्हारा वध हिन्दुत्व की रक्षा के लिए ज़रूरी था।

गाँधी : इसका फैसला किसने किया था गोडसे?

गोडसे : देश की हिन्दू जनता ने...

गाँधी : कौन–सी हिन्दू जनता?...जिसमें मेरे अलावा सभी हिन्दू शामिल थे।

गोडसे : वे सब जो सच्चे हिन्दू हैं...तुम तो हिन्दुओं के शत्रु हो...

गाँधी : तुम मुझे शत्रु मानते हो?

गोडसे : बहुत बड़ा, सबसे बड़ा शत्रु...

गाँधी : क्या तुम जानते हो गोडसे कि गीता शत्रु और मित्र के लिए एक ही भाव रखने की बात करती है...यदि मैं तुम्हारा शत्रु था भी तो तुमने शत्रु भाव क्यों रखा?

गोडसे : मैं महात्मा नहीं हूँ...उद्देश्य की पूर्ति...

गाँधी : पवित्र उद्देश्य की पूर्ति हिंसा से नहीं हो सकती तो चोर और उठाईगीर भी करते हैं....

गोडसे : मेरा उद्देश्य महान था...

गाँधी : तुम्हारे लिए तुम्हारा उद्देश्य महान हो सकता है...पर हम सब अपने विचारों के लिए आज़ाद हैं...लेकिन हत्या करने की आज़ादी नहीं है।

दृश्य : इक्कीस

(मंच पर अँधेरा है। वॉयस ओवर शुरू होता है।)

–दिन–पर–दिन, महीने–पर–महीने और साल–पर–साल बीतते गये। गाँधी और गोडसे का संवाद चलता रहा। बातचीत में कई मोड़ आते रहे। एक समय ऐसा आया जब दोनों को लगने लगा कि यह संवाद उनके लिए और देश के लिए बहुत ज़रूरी है।

(मंच पर प्रकाश आता है। गाँधी और गोडसे वॉर्ड के अन्दर बैठे हैं और उनके बीच बातचीत हो रही है।)

गाँधी : मैं पहले भी कह चुका हूँ...नाथूराम कि तुम बुरे आदमी नहीं हो...न तुम बेईमान हो...नधुर्त हो...न मक्कार हो...हाँ तुम्हारे विचार ग़लत हैं...तुम जो सोचते हो...वह न तो देशहित में है...और न हिन्दुओं के हित में है...

गोडसे : *(गुस्से में चिल्लाकर)* यह झूठ है गाँधी...मेरे विचार हिन्दुत्व के हित में हैं...मैं हिन्दू राष्ट्र के हित में हूँ...

गाँधी : नाथूराम चिल्लाकर बात मत करो...जिसके पास कोई तर्क नहीं होते...वही ऊँची आवाज़ में बात करता है...

(कुछ क्षण के लिए मंच पर अँधेरा हो जाता है। फिर प्रकाश आता है। गाँधी और गोडसे टहल रहे हैं।)

गोडसे : मैं मुसलमानों से घृणा करता हूँ...उन्होंने पाकिस्तान बनवाया है...देश के टुकड़े किये हैं...

गाँधी : किन मुसलमानों ने?

गोडसे : सभी मुसलमानों ने।

गाँधी : नाथूराम तुम नहीं जानते कि लाखों मुसलमान पाकिस्तान बनाने के ख़िलाफ़ थे...

गोडसे : केवल तुम्हारे कांग्रेसी मुसलमान...

गाँधी : मैं सिर्फ़ मौलाना आज़ाद और ख़ान अब्दुल गफ़्फ़ार की बात नहीं करता...मुसलमानों के बड़े–बड़े संगठन...जम्हूर मुस्लिम लीग, आज़ाद मुस्लिम लीग, मोमिन कॉफ्रेंस, शिया पॉल्टिकल कांफ्रेंस और तमाम इस तरह की ज़मातों ने पाकिस्तान का विरोध किया था...ज़मात उल्माए–हिन्द के मौलाना असद मदनी ने तो मुझसे खुद कहा था...इन ज़मातों ने अपनी राय गवर्नर जनरल को लिखकर भेजी थी...लेकिन अंग्रेज़ों ने सिर्फ़ मुस्लिम लीग और जिन्ना की बात ही सुनी...पाकिस्तान...मेरी मानों तो सिर्फ़ अंग्रेज़ों ने बनाया है...सिर्फ़ अंग्रेज़ों ने...

(गोडसे की भाव भंगिमाओं और बॉडी लैंग्वेज से पता चलता है कि वह कुछ सोच रहा है।)
(कुछ क्षण के लिए मंच पर अँधेरा हो जाता है। फिर प्रकाश आता है। गाँधी और गोडसे बेंच पर बैठे हैं।)

गोडसे : तुम कांग्रेस से क्यों अलग हो गये?

गाँधी : मैं कांग्रेस से अलग इसलिए हो गया कि वे शासन करने लगे...मैं सेवा करना चाहता था... तुमने भारत की ग़रीबी नहीं देखी गोडसे...तुम कभी चम्पारन नहीं गये...दरिद्र नारायण पर शासन करने की नहीं...उनकी सेवा करने की ज़रूरत है...
(कुछ क्षण के लिए मंच पर अँधेरा हो जाता है। फिर प्रकाश आता है। दोनों दूध पी रहे हैं।)

गोडसे : मुसलमानों ने हमारे मन्दिर तोड़े हैं...हमारी सभ्यता को नष्ट किया है...

गाँधी : गोडसे...कभी सनातन धर्म के मानने वालों ने बौद्ध मठ भी तोड़े थे...ईसाईयों ने मस्जिदें तोड़ी थी...मुसलमानों ने चर्च तोड़े थे...

गोडसे : मन्दिर–मस्जिद तोड़ने का सम्बन्ध किसी धर्म से नहीं है। यह तो मनुष्य की आदिम प्रवृत्ति है जिस पर काबू पाने के अलावा कोई दूसरा रास्ता नहीं है...
(कुछ क्षण के लिए मंच पर अँधेरा हो जाता है। फिर प्रकाश आता है। गाँधी चरखा कात रहे हैं और गोडसे टहल रहा है।)

गाँधी : तुम ईश्वर पर विश्वास करते हो नाथूराम...

गोडसे : हाँ...

गाँधी : तुम ये मानते हो कि सृष्टि का निर्माण ईश्वर ने किया है...जो कुछ है वह ईश्वर ने बनाया है।

गोडसे : हाँ...

गाँधी : तब तुम मुसलमानों से घृणा क्यों करते हो...क्या उन्हें ईश्वर ने नहीं बनाया।

(गोडसे कोई उत्तर नहीं देता। मंच पर अँधेरा हो जाता है। कुछ देर के बाद प्रकाश आता है।)

गाँधी : नाथूराम यह कैसी विचित्र बात है कि तुम कालूराम को हिन्दू मानते हो...पर उसका छुआ नहीं खा सकते...ये कैसा धर्म है...क्या हिन्दू राष्ट्र बन जाने के बाद तुम हरिजनों का छुआ खाओगे...

(गोडसे कोई उत्तर नहीं देता।)

गाँधी : आज़ादी किसे मिली है नाथूराम...मुझे...तुम्हें और क्या कालूराम को भी मिली है?

(गोडसे सिर झुकाकर सोचने लगता है।)

गाँधी : मनुष्य से बड़ा कुछ नहीं है नाथूराम...मनुष्य का सम्मान सबसे बड़ी देश भक्ति है...

(गोडसे फिर सिर झुकाकर सोचने लगता है।)

गाँधी : देश सेवा अगर करनी है तो उन देशवासियों की करो जिनके पेट में अन्न नहीं है...जिनके शरीर पर कपड़ा नहीं हैं...देश सेवा में अपनी आहुति दी जाती है नाथूराम...हत्याएँ करके देश सेवा नहीं हो सकती...

(मंच पर पूरा प्रकाश आ जाता है। गोडसे अपनी जेब से पिस्तौल निकालता है और एक हवाई फायर कर देता है। मंच के इधर–उधर से कई पात्र जमा हो जाते हैं और आश्चर्य से इन दोनों को देखते हैं।)

गाँधी : ये क्या है नाथूराम...

गोडसे : यह रिवाल्बर, जिसमें गोलियाँ भरी हैं...मुझ तक पहुँचाया गया था...तुम्हारी हत्या करने के लिए...

गाँधी : तो तुम्हें कौन रोक रहा है...

गोडसे : मैं ही अपने को रोक रहा हूँ गाँधी...
(गोडसे रिवाल्बर फैंक देता है। मंच पर अँधेरा।)

दृश्य : बाईस

(मंच पर अँधेरा है। वॉयस ओवर शुरू होता है।)

–कभी–कभी जीवन में कुछ ऐसा घट जाता है जिसकी कल्पना भी नहीं की जा सकती...5 जुलाई, 1960 को कुछ ऐसा ही हुआ। मोहन दास करम चन्द गाँधी और नाथूराम गोडसे की सज़ा एक ही दिन पूरी हुई। एक ही दिन दोनों रिहा हुए। एक ही दिन दोनों जेल के फाटक से निकले।

(जेल के फाटक के बाहर एक कोने पर कांग्रेस के कार्यकर्त्ता अपने झण्डे और बैनर आदि लिए गाँधी जी के स्वागत के लिए खड़े हैं। दूसरी ओर हिन्दू महासभा और आर.एस.एस. के लोग अपने झण्डे और बैनर लिए नाथूराम गोडसे के स्वागत के लिए खड़े हैं। दोनों ग्रुप ज़िन्दाबाद और स्वागत आदि के नारे लगा रहे हैं। गाँधी और गोडसे बाहर निकल कर अपने–अपने समर्थकों की तरफ बढ़ते हैं लेकिन फिर वे रुक जाते हैं। एक साथ आ जाते हैं और समर्थकों की ओर न जाकर उनके बीच से आगे बढ़ते हैं।)

❒❒